The Jean Nicod Lectures Selection — 5

Reliable Reasoning

Gilbert Harman and Sanjeev Kulkarni

ギルバート・ハーマン
サンジェーヴ・クルカルニ

信頼性の高い推論

帰納と統計的学習理論

蟹池陽一——訳

ジャン・ニコ講義セレクション——5

keiso shobo

RELIABLE REASONING
Induction and Statistical Learning Theory
by Gilbert Harman and Sanjeev Kulkarni

序

本書は、プリンストン大学電気工学科及び哲学科でわれわれが共同で教えてきた、「学習理論と認識論」と題した入門的授業に由来する。この学部下級生向けの授業は、哲学、情報科学、工学、統計学、及び認知科学の諸側面への導入としての役割を果たすものである。全学生に対して公開されているものであり、一定の分析的技能と知的好奇心以外は、その授業を取るための特定の前提要件は何もない。扱う内容の多くは技術的なものだが、その要点は、幅広い学生にとって理解しやすく、また十分理解されてもいる、ということが分かっている。それぞれのクラスには、一年生から四年生まで各学年の受講生がいて、彼らの専攻は、理学、工学、人文学から、社会科学にわたっていた。プリンストン大学の学部教育革新のための開学二五〇周年基金からこの授業のために与えられたカリキュラム開発助成金に対して、感謝の意を表したい。また、授業の内容についてわれわれと議論してくれた多くの学生に感謝している。

ウラディミール・ヴァプニクとの会話及び本書の初期のバージョンに対するアルヴィン・ゴールドマン、ラジーヴ・クルカルニ、ダニエル・オシャースン、ジョエル・プレッド、ジェームズ・プライアー、ジリアン・ラッセル、J・D・トラウト、バリー・ラム、ウォルター・シノット＝アームストロング、マヤ・グプタ、及びエリオット・ソーバーからのコメントは、ありがたいものであった。

本書の内容の初期のバージョンは、ギルバート・ハーマンが、パリでの二〇〇五年ジャン・ニコ講義として発表したものである。

信頼性の高い推論
帰納と統計的学習理論

目次

目次

凡例

・本書は Gilbert Harman and Sanjeev Kulkarni, *Reliable Reasoning: Introduction and Statistical Learning Theory*, The MIT Press, 2007 の全訳である。

・原文でイタリック体となっている語句には、翻訳では傍点を付した。

・訳者による挿入は〔 〕で示した。

第一章　帰納の問題

本章では、われわれは、帰納についての哲学的問題を、帰納的推論の信頼性についての問題として解釈する。先ず始めに、伝統的なやり方で、つまり、帰納と演繹との比較を通して、この問題を提起する。われわれは、この問題提起の仕方は誤解を招くと主張する。われわれは、なぜ演繹論理が推論の理論ではないのかを説明する。そして、帰納的方法を特定の意見との「反省的均衡」に置くことにより、それを評価しようという提案を示す。われわれは、その提案が認識論における一種の「一般的基礎付け主義」とどのように調和するかを説明する。それから、一つの懸念に触れる。すなわち、その提案は日常的実践には適合するかもしれないが、それに従った場合の結果は、少なくとも時折は、脆弱で信頼性に欠けると考える理由があるのではないかという懸念である。このことで、われわれは、自らのテーマに、すなわち、われわれの関心の対象である、帰納的方法の信頼性の評価に、立ち戻ることになる。そして、この関心を、反省的均衡のアプローチ――とりわけ「広い」反省的均衡を求めるもの――にどのようにして織り込めるかについて言及する。本章を終えるにあたっては、統計的学習理論に注目して、推論の信頼性を論じる上での基盤を提供することを提案する。

1　問　題

帰納の問題とは何か？　帰納の規則と演繹の規則との比較が、その問題の一つのバージョンを提起する動機となることがある。すなわち、妥当な演繹的規則は、必然的に真理保存的であるが、他方、帰納的規則はそうでないというわけである。

例えば、妥当な演繹的規則として、このようなものがある。

(D)「全てのFはGである」という形式の前提から、「この次のFはGであろう」という形式の、対応する結論が帰結する。

規則（D）は、以下の論証を例として説明される。

（DA）全てのりんごは種を持っている。
よって、この次のりんごは種を持っているだろう。

この論証は、前提が真であるが対応する結論は真でないということはあり得ない、という意味で、妥当である。

帰納的規則としては、以下のようなものがあり得るかもしれない。

（I）「多くのFは、Gであると分かっている」及び「今まで、Gでないと分かったFはない」という形式の考察から、「この次のFはGであろう」という形式の対応する結論が帰結する。

規則（I）は、次のような「帰納的論証」を例として説明できるかもしれない。

（IA）多くのりんごは、種を持っていると分かっている。
今に至るまで、種を持っていないと分かったりんごはない。

この次のりんごは種を持っているだろう。

論証（ＩＡ）は、演繹的論証（ＤＡ）が妥当であるような仕方では、妥当でない。帰納的論証（ＩＡ）の前提は、その「結論」が真でなくても、真であり得る。すなわち、今まで調べられた全てのりんごは種を持っていたが、それでも、この次のりんごが種を持っていないということは可能である。同じその可能性によって、演繹的規則（Ｄ）の妥当性に疑いがさしはさまれることはない。なぜなら、この次のりんごが種を持っていないとしたら、それは論証（ＤＡ）の最初の前提が偽であることを意味するからである――全てのりんごは種を持つということが真でなくなるのである。全てのりんごが種を持ち、かつ、この次のりんごは種を持たないということは、可能ではないのである。しかし、今に至るまで調べられた全てのりんごが種を持っていて、かつ、それでもこの次のりんごが種を持たないということは、可能なのである。

　したがって、妥当な演繹には、帰納には欠けているある種の完全な条件付き信頼性がある。このことを鑑みると、帰納の問題の一つは、帰納的規則がどのような点で信頼性が高いかを述べる問題だということになる。

　帰納の信頼性についてのこの問題は、帰納の非循環的な正当化を与えることが可能かという問題と同じではない。こちらの問題は、何らかの帰納的規則をいかにして正当化するかを考えるときに生じてくる。その唯一可能な正当化は、このようなものだと思われるかもしれない。

　帰納は、過去において非常に信頼性が高かった。

　よって、帰納は、将来においても、非常に信頼性が高いだろう。

帰納的原理を正当化するために帰納的原理を使っているゆえに、いかなるこのような正当化も循環的と思われるであろう。（ひょっとしたら、ある帰納的原理を別の帰納的原理によって正当化することはできるかもしれないが、いかなる非循環的な正当化をも与えることができないような帰納的原理が、最終的には存在するだろうと思われる。）

　いずれにせよ、われわれの帰納の問題は、非循環的な正当化の問題ではない。一次的近似としては、われわれの問題は次のようなものである。（D）のような演繹的規則には、真なる前提から偽なる結論へと導くことが――必然的に――ないという意味で、完全な信頼性がある。（I）のような帰納的規則には、その意味では、完全な信頼性がない。真なる前提を持つが偽なる結論を持つような、（I）の例が存在するのである。そうすると、われわれの帰納の問題は、どのような類の信頼性を帰納的規則が持ち得るかを説明すること、およびそのような類の信頼性を持つ帰納的規則がどれかを特定することである。

真なる前提を持つ例のうちで真なる結論を持つものの割合によって、（I）のような規則の信頼性を測ることができるという提案がなされるかもしれない。しかし、（I）のような規則には、真なる前提を持つ無限に多くの例があり、その中には、偽なる結論を持つものも無限に多くあるし、真なる結論を持つものも無限に多くある。それぞれの種類の事例が無限に多くあることから、真なる結論を持つ例の割合は、明確には規定されない。人々が現実に行った、あるいは行うであろうような形式の帰納的論証——恐らく有限な数であろう——のみを考慮してもよいのかもしれない。その場合には、信頼性は、この類の現実の推論で真なる前提を持つもののうちで、真なる結論をも持つものの割合として、測られるかもしれない。しかし、これは、人々が使ったことがなく、決して使わないであろうような、かつ人々が現実に使っている規則よりも多かれ少なかれ信頼できるかもしれないような、帰納的規則については、信頼性の測度を与えないだろう。そこで、われわれは、適切な形式の推論で真なる前提を持つもので、人々がその形式の推論をするならば真なる結論をも持つことになるものの割合を考慮してもよいのかもしれない。しかしながら、そのような反事実的な規準をいかに評価すべきなのかは明らかでない。もっといい案として、その形式の推論で真なる前提を持つものが真なる結論をも持つ統計的確率を考慮するというものがある。

しかし、このように統計的確率に訴えることを論じる前に、一定の過度の単純化について論じておく必要がある。その単純化は、われわれがこれまで帰納の問題について述べてきた、いくぶん標準的な語り方にある。

2　推論と含意

伝統に従って、われわれは、あたかも、演繹的推論と帰納的推論という二つの種類の推論があり、それに伴って、演繹的論証と帰納的論証という二つの種類の論証があるかのように書いてきた。その伝統的な考えは、混乱しており、その混乱を正すと、帰納的信頼性の問題を定式化すべき仕方は、複雑化する。

伝統的な見方では、推論は、形式的な証明や論証や論証概略によってモデル化することができる。一定の前提を受け入れることから推論が始まり、それから、一定の推論規則に従って、それらの前提からまたはそれ以前の中間段階の結論から帰結してくる、中間段階の結論を受け入れる。そして、元の前提から直接的または間接的に推論した新しい結論を受け入れて推論が終わることになる。

伝統的な見方では、演繹的論理は、推論行為の理論である。演繹的論理は、(D) のような演繹的推論規則に関わる。まともな演繹的論理がある以上、(I) のような帰納的推論規則を規定する帰納的論理も必要であると提案されてきた。

困ったことには、帰納と演繹との間の関係についてのこの伝統的な構図は、二つの全く異なるものを、すなわち、推論についての理論と何が何から帰結するかということについての理論とを、混同している。

伝統的な構図の一つの明白な難点は、推論は常に当初信じていたことから新しいことを推論することであるということが含意されることである。ところが、推論では、当初信じていたことを放棄することが、よくある。例えば、自分の諸信念の間の矛盾を発見し、そのため、どの信念を放棄するかについて推論することがある。あるいは、後になって「アウトライアー〔通常の分布から大きく外れた値〕」として却下することになるような特定のデータを、当初は受け入れることもある。より一般的に言うと、新しい情報に鑑みて、人は以前の意見を定期的に修正するのである。

伝統的な構図についての関連する問題としては、それが、演繹的原理を推論の規則として扱っているというものがある。実のところ、それらは、推論の規則ではなく、何が何から帰結するかについての規則である。次のような規則（R）を考えてみていただきたい。

（R）「全ての$\boldsymbol{F}$は$\boldsymbol{G}$である」という形式の前提及び「aは$\boldsymbol{F}$である」という形式の前提から、「aはGである」という形式の、対応する結論が帰結する。

（R）は、一定の結論が一定の前提から帰結するということを言っている。それは推論の規則ではない。それは、例えば、「全てのFはGである」と信じていて、かつ「aはFである」とも信じているとしたら、「aはGである」と推論してよいまたはしなければならない、とは言っていない。仮にこのような推論規則があるとしたら、それは一般的には正しくないが、他方、何が何から帰結するかについての上記の規則は、必然的かつ普遍的に成り立つ。

推論規則とされるそのようなものが、一般的には正しくないのは、例えば、「aはGでない」と既に信じているから、または、そう信じるに足る理由があるかもしれないからである。その場合には、「aはGである」と推論して、そう信じるに至ってさしつかえないまたはそうしなければならない、というのは一般には真ではない。ひょっとしたら、その代わりに、「全てのFはGである」または「aはFである」ということを信じるのをやめるべきなのかもしれない。ことによると、この問題に対する最良の答えを考え出すのに全精力を注ぐべきかもしれず、それには、さらにデータを集めることが必要となるかもしれない。あるいは、ひょっとしたら、昼食を取りに出かけてしまって、この問題をどう解決するかについて考えるのを後回しにするべきなのかもしれない。

矛盾する諸信念からは、あらゆるものが帰結する。しかし、矛盾する諸信念から、あらゆることを推論できるというわけではない。

演繹的論理は、何が何から帰結するかについての理論であって、推論についての理論ではない。それは、演繹的帰結についての理論なのである。(R)のような演繹的規則は、絶対的に普遍的な規則であり、デフォルトの規則ではない。それらは、いかなる主題に対しても適用され、一定の過程または活動についての原理に特に限られるわけではない。推論の原理は、特定の過程、すなわち、推論の過程についての原理に特に限られるのである。（R）に対応する推論の原理があるならば、それはデフォルトの原理としてのみ、すなわち、「他の条件が同じならば」成り立つのである。

演繹的論証には、前提と結論とがある。推論に、同様に前提と結論とがあるわけではない。帰納的推論の「前提」はわれわれが推論を行う出発点となる信念であると言いたいとしても、重要なのは、それらの信念の中には推論の過程で放棄されるものもあるかもしれないということに留意することである。論理的証明または「論証」は、諸命題の抽象的構造である。[1] 他方、推論は、過程または活動である。

われわれが推論するときに、確かに、多かれ少なかれ形式的な証明または論証を構築することがある。しかし、われわれは、通常、最初に前提について考え、次に中間段階について、そして最後に結論について考えるというようには論証を構築しない。われわれは一般に、前提から結論へと論証を構築しはしない。われわれは、しばしば、望まれる結論から後ろ向きに進む。もしくは、中間から出発し、前向きに論証の結論へと進み、かつ後ろ向きに前提へと進む。

ときには、われわれは何らかの与件の最良の説明が得られるように推論することもあるが、そこでの説明というのは、説明的論証のことである。そのような場合には、説明的論証の結論が、われわれの推論の「前提」、つまり説明されるべき与件を表し、われわれの推論の「結論」は、その論証の説明的な前提である。

演繹と帰納とを同じ範疇に属するものとして扱うのは、範疇誤謬である。演繹的論証は、命題群の抽象的構造だが、それに対して、帰納的推論は、見解の変更の過程である。演繹的論証は存在するが、演繹についての推論という意味以外で、演繹的推論と言うのは、範疇誤謬である。帰納的推論は存在するが、帰納的論証と言うのは、範疇誤謬である。演繹的論理は存在するが、帰納的論理と言うのは、範疇誤謬である。

一部の論理学者により使われている全く標準的な用語法が存在しており、それに従って、一定の演繹的規則が「推論規則」と呼ばれているのだと、異論を唱える人がいるかもしれない。どのようにしてわれわれは、この用語法に異を唱えることができるだろうか。われわれの答えは、それは次のように言うのと同然だというものである。すなわち、一部のギャンブラーにより使われている全く標準的な用語法が存在しており、それに従えば、いわゆるギャンブラーの誤謬は確率についての正当な原理である。「それは、単に、それらのギャンブラーによる、蓋然性があるという語の使い方に過ぎない！」だが、ギャンブラーの誤謬は、本当の誤謬であり、単なる用語法上の差異の問題ではない。それは、恐ろしい結果を生じかねない。同様に、演繹的規則を「推論規則」と呼ぶのは、本当の誤謬であり、単なる用語上の問題ではない。それは、古典的な演繹論理よりも通常の推論をよりよく捉えると考えられている――あたかも演繹論理が通常の推論の部分的理論を提供しているかのように――関連性論理や帰納論理を創り出そうとする試みの背後にある。それは、演繹的規則が何であれ通常の意味での推論規則であることが分からない学生に対して、論理学の授業を難しくしている。それが教育及び論理学研究に対して及ぼしてきた、そして及ぼし続ける破滅的な影響からして、哲学者や論理学者がこの「用語法」を不注意に使い続けるのは、全くよくないのである。

われわれは、演繹的論理と推論との間に関係がないと主張しているのではない。ここでのわれわれの限定的な論点は、演繹的規則は何が何から帰結するかということについての規則であり、何が何から推論され得るかについての規則ではない、というものである。もしかすると、しばしば提案されてきたことだが、おおまかに言って、矛盾したことを信じるのは避けるべきである、というのは、推論の重要な原理なのかもしれない――ここでは、論理はある種の無矛盾性の説明を提供しているのである。しかし、そのような原理が存在するかどうかは、そして、それをいかにしてより正確で厳密にするかは、演繹的論理の範囲内だけで解決されるべきではない興味深い問いである。

同じようなことは、帰納的推論の原理が信念の合理的または主観的な度合いに関わるという考えについても言えるが、この場合には、確率計算の公理に反しないことも無矛盾性に含まれる。ある種の確率論は、抽象的な数学的対象である。それがいかに推論に適用されるべきかは、数学の一部ではない。同じ論点が、確率のみならず効用にも依拠する意思決定理論についても成り立つ。これらの理論では、信念の無矛盾性ないし「整合性」についての拡張された説明が提供されるが、そのような無矛盾性ないし整合性がどのような仕方で推論に関連するのかについては、未決定のままになっている。

信念改訂についての様々な理論が、論理（学）と言われることがある。それは、「論理（学）」という語の用法に方法論を指すものがあるからだけではなく、これらの信念改訂の理論に一定の形式的側面があるからでもある。以下で明らかになるように、われわれはもちろん、この種の、推論の形式的／数学的理論ないしモデルを提供しようとする試みに対しては何ら異存はない。一方では、心理学的にもっともらしい、あるいは機械実装可能であるような、他方では、その信頼可能性について有用なことを知ることができるような、モデルを開発したいと、われわれは大いに望むのである。

本節の要点を繰り返そう。帰納的信頼性の問題を演繹的信頼性との比較によって記述しようとするのは誤りである。演繹的規則は、何が何から帰結するかについての規則であり、それらは、何が何から推論され得るかについての規則ではないのである。

3　反省的均衡

帰納は理由付けられた見解変更の一種であり、その変更には、足し算的なもののみならず引き算的なものも含まれ得る。人々が現実にいかに推論をするかについて詳細なことが何か言えるだろうか。人々の推論の信頼性について詳細なことが何か言えるだろうか。

ひとつ明白な点は、理由付けられた見解変更のいかなる所与の例においても、追加される新しい信念・方法及び放棄される古い信念・方法の数は、変わらずに留まる信念・方法の数と比べると、全く小さいという意味で、現実の推論は、「保存的」であるということである。デフォルトとしては、変更をしないのである。

少なくとも二つのことによって、われわれは、自らの信念における理由付けられた変更――推論の結果としての変更――に至り得る。第一には、われわれは、現在意見を持たない問いに答えたいと思うかもしれない。その場合、われわれの現在の信念からの推論によって、一つ以上の新しい信念を加えることに至り得る。第二に、自分の信念の中に、その他のものと矛盾するまたは緊張関係にあるものがあることを、われわれは見出すかもしれない。その場合、現在は対立しているわれわれの信念からの推論によって、われわれは、それらの信念のいくつかを放棄するに至り得る。

どちらの種類の変更をするときにも、われわれは整合性を求め、不整合を避けようとする。すなわち、特定の問いに答えるであろうような信念を加えることに対して関心があることを前提として、われわれは、既に受け入れていることと明確に整合する信念を付加することを優先する。なぜなら、例えば、われわれが既に受け入れていることによって、当該の信念付加が含意されているから、あるいは、その信念付加が既に受け入れていることを説明するのに役立つからである。さらに、われわれは、矛盾ないしはその他の種類の対立のために、自分の信念における不整合を避けようとする。

ザガード（Thagard 1989, 2000）は、人工ニューラルネットワークを使って、整合性ベースの推論の「制約充足」モデルを開発したが、それは、人の意思決定の研究において実り多いものであるとなったモデルである（Holyoak and Simon 1999; Simon et al. 2001; Simon and Holyoak 2002; Read, Snow, and Simon 2003; Simon 2004）。このモデルについては、以下で詳述する。

整合性ベースの推論観は、グッドマン（Goodman 1953）が正当化について述べていることにおいてある役割をはたしている。彼は、次のような方法論的問題に関心がある――どのようにして、自分の意見を評価し、ひょっとしたらそれを改善することができるのだろうか。自分が受け入れる一般的諸原理に特定の結論がいかにかみ合うかを見ることで、それらの諸結論を試すことができ、自分が受け入れる特定の結論に一般的諸原理がいかにかみ合うかを見ることで、それらの諸原理を試すことができると、グッドマンは言う。自分の一般的諸原理と特定の諸判断とが相反するならば、それらがお互いに整合するまで、諸原理と諸判断とを調整するべきである。そうすれば、その結果としての諸原理と諸判断とを受け入れることが、さしあたっては正当化される。グッドマンは、自分の特定の諸判断と一般的諸原理とを内側から評価する方法は他にないとみている。

ジョン・ロールズ (Rawls 1971) は、グッドマンの議論に賛意をこめて言及し、われわれが持つ正当化の方法には、彼が「反省的均衡」と呼ぶものに到達することを目指して、一般的諸原理と特定の諸判断とを互いによりよく調和するように修正することが伴うと述べている。この反省的均衡においては、一般的諸原理が事例についての「考慮された」判断に適合し、事例についての判断が一般的諸原理に適合するのである。

カール・ポパー (Popper 1934, 1979) は、彼独特の主張として、信念がいささかでも「正当化される」ことを、あるいは信念の帰納的な「理由」が存在することさえも否定するが、彼もまた似たような方法論を提唱している。われわれの現在の理論に対して批判的な見方をとり、それらに反する証拠を見つけようと努めることを、彼は提唱する。しかし、うまくいってきた理論を放棄すべきなのは、以前の理論が説明したことの全てあるいはほとんどを説明でき、批判に対してよりよく耐える、よりよい理論を見つけたときのみである。

反省的均衡の方法は、われわれの現在の「熟慮された」信念及び方法の各々が、一種のデフォルトの正当化事由を有すると前提するという意味で、保存的である。われわれがそのような信念や方法を受け入れ続けることは、それに対する、われわれの他の「熟慮された」信念及び方法からの特別な異議がなければ、正当化される。この見方においては、現在の「熟慮された」信念及び方法は全て、正当化のデフォルト的根拠を表すが、ここでの根拠は、正当化の方法論的解釈に基づいて、正当化の出発点として理解される。

反省的均衡の観点からの、この種の正当化についての見方においては、根拠は全く一般的である。対照的に、特殊基礎付け理論と呼んでいいかもしれないものは、この種の正当化のデフォルトの出発点が、より限定されていることを想定する方法論的理論である。最も厳格な特殊基礎付け理論（例、Descartes 1641）では、根拠は現時点で完全に明白で疑い得ないものに限定される。そうした厳格な基礎付け理論は、様々な伝統的な認識論的問題を生じさせる――他者の証言に基づく信念を正当化する問題や、他者の心についての信念を正当化する問題、外界における対象の存在を正当化する問題、過去の証拠に基づいて未来についての信念を正当化する問題、記憶への信頼を正当化する問題。

この種の正当化の基礎付け理論では、自己の信念と方法とが正当化される程度は、根拠がどれだけ狭いかに依存している。根拠が非常に狭いということからは、非常にわずかなことしか正当化されないということや一般的な懐疑論的結果が含意される。この場合には、信じていることをほとんどことごとく放棄しなければならない。このような歓迎されざる結果は、根拠を拡張すること（例えば、環境についての知覚的信念が根拠となることを許容すること）により避けられ得る。そのような拡張された基礎付け主義においては、外界についての同種の認識論的問題は、もはやない。一定のタイプの帰納的推論は、基礎付け的方法として扱ってさしつかえないかもしれないが、この場合には、帰納の認識論的問題はもはやない。似たような提案は、記憶と証言へのわれわれの通常の依存に関して出されている。例えば、バージ（Burge 1993）とフォリー（Folely 1994）とを、証言への依存を基礎付け的方法とみなしていると解釈してよいかもしれないが、これらは、証言への依存を正当化するという、他の場合には手に負えない方法論的問題を取り除く提案である。

根拠が広げられるにつれ、基礎付け理論は、保存的な一般基礎付け理論にますます似てくるが、一般基礎付け理論は、熟慮された自分の信念・方法の全てを根拠として扱い、そうして、伝統的な認識論的問題を避けている。さらに、このようにして根拠を広げるという過程そのものが、反省的均衡の暗黙の受け入れに基づいているように見える。その過程は、厳格な根拠という元々の考えが、通常の生活で人々が固く信じていると感じている特定の非懐疑的な判断と衝突する故に、生じるのである。

4　反省的均衡についての懸念

反省的均衡に到達するようにわれわれが自分の見方や方法を調整する中で、一定の帰納的方法が生き残るとしよう。なぜ、このことがそれらの方法が特に信頼できるということを示すと、考えるべきなのだろうか。

一般的原理の個別的判断に対するその種の調整は、まさしく、われわれが実際自分の見方を試し、正当化しようとするやり方である、とグッドマンとロールズとは述べている。しかし、なぜわれわれの通常の正当化の方法が信頼できると前提すべきなのだろうか。スティッチとニスベットとが（Stich and Nisbett 1980）、まさにこの論点を論じる際に述べていることだが、われわれの通常の推論実践が「ヒューリスティクスとバイアスと」によって影響されているという証拠（Tversky and Kahneman 1974）が相当あり、それによって、あきらかに信頼できない結果が生じかねないし、実際しばしば生じているというのである。

これらの結果が信頼できないものだと分かるという事実は、確かに、人々が通常反省的均衡状態にはないということを示すだけなのかもしれない。似たような応答が、ギャンブラーの誤謬が通常の反省的均衡において生き残っていてもおかしくないというスティッチとニスベットの示唆に対してなされ得るだろう。ギャンブラーの誤謬は、当のギャンブラーのその他の信念で一定の事象の確率的独立性と関係があるものと矛盾する場合にのみ、誤謬なのである。ただ、反省により示され得るような仕方で信念が矛盾しているならば、グッドマンとロールズとは、それらの信念が反省的均衡状態にある可能性を否定するかもしれない。

スティッチとニスベットとは、どの方法を使うのが適当かを決定するときに、われわれは通常の意見には頼ることはできない——例えそれが反省的均衡状態にあるとしても——と論じる。われわれはその代わりに専門家の意見を考慮に入れる必要がある、と彼らは言う。しかし、誰が専門家であるのかをわれわれはどのようにして決定するのだろうか。そして、いずれにせよ、なぜわれわれは彼らを信用するべきなのだろうか。

通常の反省的均衡についての、より深刻であるかもしれない懸念として、それが信頼できるという主張を掘り崩すような、歓迎されざる脆弱性を反省的均衡は示すように見えるということがある。

ザガード（Thagard 1989, 2000）がコネクショニスト的制約充足を用いる反省的均衡の方法のモデルを開発していることにさきに触れた。これらのモデルは、この厄介な脆弱性を示している。モデルは、特定の命題を表象するノードのネットワークを含むものである。ノードは、それが信じられている程度に応じて正の活性を受け、信じられていない程度に応じて負の活性を受ける。ノード間には、正と負との二種類のリンクがある。正のリンクは、ノードが説明するか、含意するか、または何らかの種類の証拠として関係するような他のノードに、そのノードを結合する。その結果、それらのノードの一つの活性が増すと、そのノードの活性が他のノードの活性を増加させ、そのようなノードの一つの活性が減るかそれが負の活性を受けると、それによって他のノードの活性が減

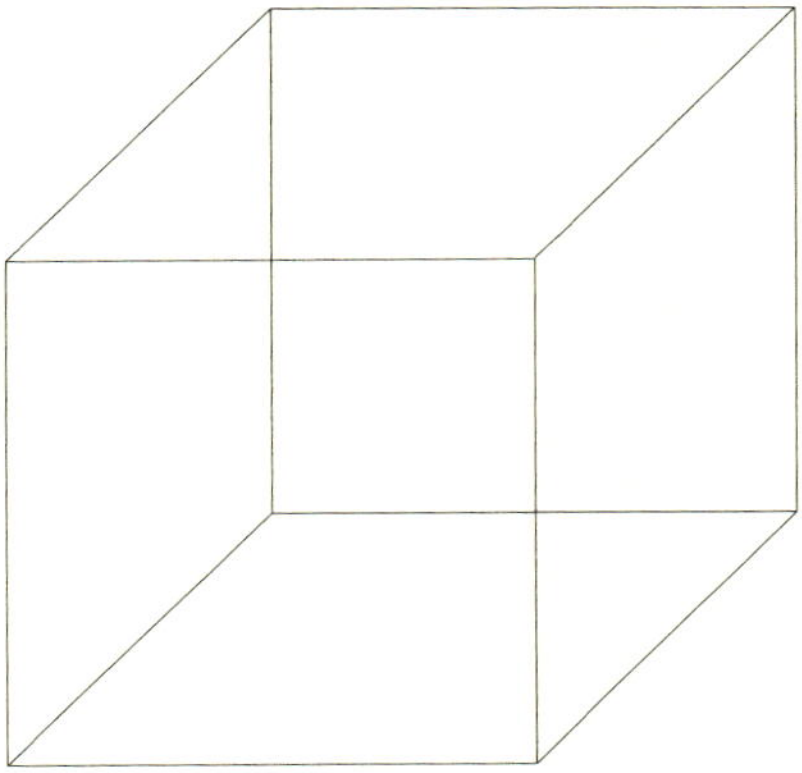

図 1―1　ネッカーキューブ

少する。

負のリンクは、お互いに矛盾するノードを結合し、その結果、そういったノードの一つが受ける活性が増すと、その他のノードが受ける活性が減り、逆もまた然りである。正と負の活性はネットワークをぐるぐると循環し、最終的に、相対的定常状態に落ち着くに至る。一定の閾値を越える正の活性を持つ定常状態にあるノードは、信念を表象し、一定の閾値を越える負の活性を持つ最終状態にあるノードは、信じられていないことを表象する。中間の活性値を持つ最終状態にあるノードは、信じられても信じられていないのでもないことを表象する。ネットワークの結果的状態は、何らかの類の均衡状態にある信念体系を表象する。

コネクショニスト・ネットワークは一定の種類のゲシュタルト知覚の可能なモデルを与えるとしばしば指摘されてきた（Feldman 1981）。ネッカーキューブについて考えてみてほしい（図１－１）。所与の頂点は、近接する表面の一部か、いずれとして知覚されてもおかしくないだろう。ネッカーキューブの知覚のこの側面は、コネクショニスト・ネットワークにおいてモデル化できる。ノードを使って頂点を表象して、水平または垂直の線により結合された頂点間に正のリンクを設定し、対角線により結合された頂点間に負のリンクを設定するのである。ここでは、頂点の活性化が、どれだけ知覚者に近く見えるのかを表象するのに使われている。所与の頂点での活性が増加するにつれ、それによってその面の他の三点での活性が増え、その他の面の頂点の活性が減る。その結果として、いずれかの面が前にあり、他方の面が後にある図形を見ることになりがちである。その図形を何らかの類の混合図形としては、または、どちらの面が前にあるかについては不確定だとは、見ないようになりがちである。

ザガード（Thagard 1989）は、彼の制約充足コネクショニスト・ネットワークを使って、裁判で罪状を評定しようとしている陪審員たちの推論をモデル化した。そのモデルは一定の予測をする。例えば、陪審員は、一定の種類の目撃者（による）確認の信頼性についての見解や、ＢＢＳにメッセージを書き込むことが新聞に何かを書くことに近いか電話の会話で何かを言うことに近いかについての見解等から審議を始めるかもしれない。審議中の事件についての評決が、そのような事柄の評価に部分的に依存するとしよう。その場合、ザガードのモデルの予測は、このタイプの目撃者確認に対する陪審員の一般的信頼が、この件において証言が正しいとその陪審員が判断するならば増え、この件において証言が正しくないとその陪審員が判断するならば減るというものである。モデルは、ネットでの書き込みがより類似しているのは何か等々についてのその陪審員の判断に対する同様な影響をも予測する。また、これらの影響故に、その陪審員の結果的な反省的均衡状態によって、彼または彼女は自分が達する評決に完全に確信を持つに至るということも、このモデルは予測する。

模擬裁判を行う諸実験によって、ザガードのモデルのこの予測は確証された（Simon 2004）。これらの実験では、被験者は最初に、様々な種類の目撃者確認、類似関係等々に関する一定の証拠原則についての意見を求められる。それから彼らは、そのような事項の考慮を伴う難しい事件についての資料を与えられ、考えることを求められる。最後に、被験者の最終評決と自分の評決および様々な証拠原則についての彼らの確信度とが記録される。

一つの結果として次のようなものがある。予測通り、被告が有罪であると言う者もいて、これを否定する者もいて、被験者は最終的には有罪／無罪の判断については分かれるものの、被験者は自分の判断及びそれを支える理由については非常に確信を持っているというものである。さらに、これもまた予測通りに、その種の目撃者確認の価値や、ＢＢＳに書き込むことは新聞に書くことか私的会話をすることかいずれに近いか、等々についての被験者の判断には変化がある。

このモデルは、これらの難しい事件における判断はときには脆弱で信頼できないということを含意する。相容れない証拠があるときには、関係する諸々の考慮事項の間にも相当な緊張関係があり、それはちょうど、ネッカーキューブ問題で頂点を表象するノード間に一定の種類の緊張関係があるのと同様である。わずかにでも活性が増減したノードがあると、関連のある抑制性・興奮性結合により、一種の連鎖反応で（すなわち、ちょうどネッカーキューブの知覚において生じるように、当初のわずかな一押し次第で、いずれかの方向での明らかな評決へと至るように、雪だるま式に考慮が膨らむことで）、その他のノードの活性の変化へと至る。

しかしながら、ゲシュタルトシフトが生じた後には、ノード間の正負の諸結合に対応して陪審員の確信が一変した故に、その事件は陪審員には、全く明らかなものに見える。

このことからの結論の一つは、「無害な誤り」のように見える裁判でのわずかな誤りが、陪審員に何かを無視するようにと命じることで後から正すことができない深い影響を生じかねないということである。「無視される」証拠は、そのときまでに、損害を元に戻し得ないような仕方で、様々なその他の事項の活性化に影響しているかもしれない。同様に、検察側が最初に弁論を行うという事は、後の資料がいかに評価されるかに影響することにより、違いを生じさせるのかもしれない。

反省的均衡のこの脆弱性のゆえに、信頼できる意見に至るために反省的均衡の方法を使うことに疑問が投げかけられる。

この種の問題は、正義についての見解の正当化は自己の判断を反省的均衡状態へともたらすことにあるというロールズの主張に関する議論において指摘されてきた。「狭い」反省的均衡よりもむしろ「広い」反省的均衡を見出そうとすることで、その問題に対応できるかもしれないということが、提案されることがある。広い反省的均衡には、自分の現在の諸見解がいかに互いに調和するかを見ていくことのみならず、様々なその他の見解及びそれらに対して与えられるかもしれない議論をも考慮し、証拠を得る順序または争点について考える順序から生じる類の影響を受けないように努めることも伴う (Daniels 1979)。例えば、異なる順序で、証拠を得て諸争点について考えていたとしたら、物事がどのように見えたであろうかということを考慮する必要がある。このようにして、強固な反省的均衡を、つまり、自分の出発点や様々な事由を考慮する順序の小さな変化には敏感でないような反省的均衡を見出そうとするのである。

陪審員として振舞う被験者は、この種の広い強固な反省的均衡に至るべく努めるように指示された場合、そうでない場合に生じるような類の影響を受けにくい、ということを示す実験がいくつかある (Simon 2004)。

このことは、広い強固な反省的均衡によって裏書きされる帰納的方法が信頼できるということを意味するのだろうか。ひょっとしたらそうかもしれないが、なぜわれわれはそう考えるべきなのか。一旦、狭い反省的均衡により裏書される方法の信頼性を疑うに至った以上、広い強固な反省的均衡において採用されている帰納的方法の信頼性をなぜ信じるべきなのか。この段階においては、これは端的にわれわれが物事を正当化する仕方なのだと言ってしまってそれに甘んじておくのは、十分とは思われない。

5　信頼性

ザガード（Thagard 1988, 第7章）は、科学史上の最良の推論の例とみなされるものを、また探求の目標についての理解をも、考慮に入れて、広い強固な反省的均衡の方法を拡張することを主張している。それらの目標には、信頼できる帰納的方法を見つけることが含まれてもよいかもしれない。

しかし、どのようにしてわれわれは、適切に推論する者がどの方法を使っているかを判定しているのであろうか。どのようにして、これらの方法の信頼性を、ことによるともっといいかもしれないその他の方法と比べて、評価できるのだろうか。

いくつかの可能な推論方法があるとして、一つの道としては、実践において実際に生じる様々な推論上の問題を考慮し、それぞれの場合に、それらの各方法により何が勧められているかを見つけ出し、どの方法が最終的によりよい結果を与えているかを見るというものがある。ビショップとトラウト（Bishop and Trout 2005, pp. 13–14）は、医療的介入の成功の予測や、常習的犯行の予測、明日の天気の予測、学業成績の予測、貸付・信用リスクの予測、フランスワインのヴィンテージの質の予測といった例に触れている。この種の例の一部については、相互比較上で、また専門家が利用できるデータの一部のみに基づいた一定の単純線形モデルとの比較上で、専門家の予測の相対的な信頼性についての情報を得ることが以前から可能であった。多くの分野において、一定の単純線形モデルが、専門家よりも信頼できる予測を提供すると、ビショップとトラウトとは説明している。よって、様々な帰納的方法が現実生活でどの程度うまくいくかを経験的に研究するというのも一つの道である。そのような研究は、ある種の広い反省的均衡の一部をなすのかもしれない。しかし、統計的学習理論を通して、より理論的な方法で帰納的信頼性の問題にアプローチすることもまた有効なのである。

統計的学習理論には、経験的な側面、数学的な側面、および哲学的あるいは概念的側面がある。その経験的側面は、「機械学習」にとって有用な技法の開発へのその応用に反映されている。その哲学的あるいは概念的側面は、帰納的推論についての一定の考え方——一定の推論パラダイムあるいは学習パラダイム——について詳述することにある。その数学的側面は、それらのパラダイムに関する様々な結果にある。これらの諸側面の間の相互作用により、これらの結果が、実践へと、そして、帰納的方法の信頼性について考えるときに立てられるかもしれない様々な仮定や前提へと、結び付けられるのである。

もちろん、何が証明され得るかは、立てられる仮定に依存している。われわれは、帰納の演繹的または数学的正当化が存在するとは示唆していない。われわれの主張は、統計的学習理論での一定の概念的展開（これは学習アルゴリズムの開発において実際上有用であると判明している）は、哲学的に興味深く、心理学的に示唆的でもあるというものである。

6　今後の先取り

統計的学習理論で広く研究されている問題を取り上げるにあたってわれわれが、先行する複数のFの観察に基づいて今度のFについての結論に達する方法を求めていると、仮定してみよう。われわれは、その方法の結果が正しい、またはほとんどの場合に正しい、ことを望んでいる。われわれは、可能な限り最上の結果を出す使用可能な方法を見つけることに関心を持っている。

例えば、新規事例の観察された特徴に基づいて、それらを分類するための規則の一定の集合Cから、一つの規則を選択する帰納的方法をデータを使って見出すことにわれわれが関心を持っているとしよう。理想的には、その方法がCから最上の規則、すなわち、新規事例についての誤りが最小である規則、新規事例についての期待誤差を最小化する規則を選択することをわれわれは欲している。

言い換えるとこのようになる。Cのそれぞれの規則には、新規事例についての一定の「期待誤差」があるとしてみよう。われわれは、十分なデータが与えられたときに期待誤差が最小となる規則を見出す方法を欲しているのである。

しかし、Cからの規則の「期待誤差」について語るというのは、何を意味するのだろうか。期待誤差を、その規則を使ってわれわれが犯すであろう現実の誤りの（未知の）度数と同一視してもよいかもしれない。しかし、前述のように、われわれは、自分たちが使わない規則についての期待誤差をも考慮したいのだが、これについては、現実の誤りの度数が存在しない。だから、ひょっとしたら、われわれは、自分たちがその規則を使ったとしたら犯すであろうような誤りの度数を考慮する必要があるのかもしれない。ひょっとしたら、これはすなわち、規則の期待誤差はその規則を使用する際に生じる誤りの（知られていない）確率だということなのかもしれない。

しかし、その確率はどこから来るのであろうか。われわれは、何らかの規則の現実の信頼性に関心があるのであり、それは、多分、その規則に対するわれわれの信念の度合いとは、あるいはいかなる種類の認識的確率とさえも、同一視され得ない。実際の信頼性についての主張は、いかなる種類の証拠確率よりもむしろ、ひょっとしたら知られていないかもしれない客観的な統計的背景確率を前提とするのだと、われわれは提案したい。

確率の性質についての哲学的争点に深入りすることなく、次のように言っておこう。統計的確率について語るのは、ハッキング（Hacking 1965）の有用な用語を使えば、システムの分析上での、ある種の「偶然性の仕組み」としてのレベルに相対的にしか意味を成さないと、われわれは信じている。ルーレットの回転盤が関わる過程は、分析上のあるレベルでは、偶然性の仕組みとして記述され得、より深いレベルでは、決定論的過程として記述され得、そして、さらに深いレベルでは、再び偶然性の仕組みとして記述され得る。われわれが現時点で言いたい点は、適切な統計的確率が意味を成しているような、状況分析における偶然性の仕組みとしてのレベルに関してのみ、問題となっている信頼性は適用されるということである。この種の確率の解釈については、われわれがここで論じない重要な争点があるが、ただ、この種の確率は、工学、計算機科学、及び、統計的学習理論を含む統計学において研究されている様々な現代的主題において重要な役割を果たしていると言っておこう。

先にわれわれは、新規事例の観察された特徴に基づいて、それらを分類するための規則の一定の集合Cから、一つの規則をデータを用いて選択するような帰納的方法を見出すことに関心を持っていると述べた。Cの諸規則は、観察された特徴を前提としてある対象の分類についての推定を行うための諸規則であるだろう。その背景確率分布により測られる期待誤差が可能な限り小さい規則をわれわれはCから見出したい。

われわれが関心を持っている類の帰納的信頼性についてのいかなる結論もそうした背景確率分布

を前提している。こうようなかたちで信頼できる方法を求めることは、その確率分布に相対的に信頼できる方法を求めることである。そうした知られていない統計的背景確率分布の仮定なしには、この種の信頼性について語ることは意味を成さない。

次の問いはこれである。われわれはどのようにデータを使って、*C*からよい規則を選ぶことができるだろうか。一つの明白な考え方としては、データに対して誤りが最小となる規則を*C*から選択するというものがある。その場合、われわれはその規則を使って新しいデータを分類する。これは、基本的には、枚挙的帰納法である。そうすると、われわれの問いはこうなる――このバージョンの枚挙的帰納は、*C*から規則を選ぶのにどの程度有効であろうか。

明らかに、それは、規則が選ばれるもとの集合*C*にどのような規則があるのかに依存する。全ての可能な規則がその集合にあるならば、データに対する誤りが最小である規則が多数あるだろう。そして、これらは新規の事例について、全く異なる助言を与えるであろう。よって、枚挙的帰納は、新規の事例について特定の予測を優先することはない。

より一般的には、いかなる帰納的方法にも、何らかの種類の帰納的バイアスがあるに違いない。他よりも優先される規則が存在するに違いない。一部の規則を他の規則よりも優先するようなバイアスがその帰納的方法にはあるに違いない。その方法が、データに対する誤りが最小である規則を*C*から選択する類の枚挙的帰納法であるならば、どんな規則が*C*に入っているかについて制約がある必要がある。そうでないならば、そのような特定の方法でデータを使用して新規事例の分類を制限することができなくなるだろう。

さらに、Cの規則を制限するということは、枚挙的帰納が当該データと完全には一致しない規則を選択することをときには許すことになるということに留意してほしい。そのような規則を認めるということは、当該データが完全に正しいということを認めないということである。よって、枚挙的帰納は、以前には認められていた何かを放棄することを伴いかねないのである。(2)

もちろん、Cの規則を制限することは、全ての可能な規則の中での最上の規則（新規事例についての期待誤差が最小である規則）が含まれないという危険を冒すことになる。それは、この種の枚挙的帰納の一つの問題である。というのも、Cの規則を制限せずにそのような枚挙的帰納を使って新規事例を分類する方法はないからである。

規則を選ぶための可能な帰納的方法は他にもある―データに対して誤りが最小となる規則を単に選ぶのではない方法である。そのような方法の一つには、対象データの範囲を、所与の規則の単純性といった、何か他のものとはかりにかけるものがある。その場合、考え方としては、対象データの範囲と、この何らかの方法で測られた他の要素との最上の組み合わせを伴う規則を選ぶということになる。その考え方については、すぐ後で少し述べるが、今は、データに対する誤りが最小である規則を単純に選ぶ類の枚挙的帰納には何が必要であるかということに集中しよう。さしあたっての論点は、そのような単純な枚挙的帰納はCの可能な規則全てを含み得ないというものである。よって、今は、この意味の枚挙的帰納が、背景にある統計的確率分布が何であろうと十分な証拠がある場合にはうまくいくことを保証しようとする場合には、Cの規則がどのように制限されるだろうかという問いを考えてみてほしい。

この問いに対する答えとなるのが、統計的学習理論の最も偉大な発見の一つ――規則集合のヴァプニクーチェルヴォネンキス次元すなわちＶＣ次元の重要性の発見――である。ＶＣ次元は、規則集合の「豊かさ」の測度であり、その集合の反証可能性の度合いに反比例するような関係にある。(3) 大雑把に言って、ヴァプニクとチェルヴォネンキス（Vapnik and Chervonenkis 1968）が出した基本的な結果は、問題となっている枚挙的帰納は、集合Cが有限のＶＣ次元を持つとき、かつそのときに限り、背景にある統計的確率分布が何であろうと、十分な証拠を条件としてうまく働くと示され得るというものである。本書の第二章で、この結果をより詳細に説明する。

前述したように、この意味での枚挙的帰納は、唯一の可能な帰納的方法ではない。しかし、それは、パーセプトロン学習及びフィードフォワードニューラルネット学習を含む、機械学習の多くの例に適用される方法である。

われわれが言及した他の方法は、対象データ範囲を何らかの他のものとはかりにかけるものだが、無限のＶＣ次元を持つ規則集合からの選択を考慮に入れるものである。ここでは、対象データ範囲に対してはかりにかけられるに適切なものは、どのように考えられようとも、通常の単純性――例えば、規則のあるクラスの特定の要素を指定するのに使われる媒介変数の数――ではないことが示され得る。本書の第三章でこれについて論じる。

ヴァプニクは（Vapnik 1979, 1998, 2000）、彼が「トランスダクション」と呼ぶ（例、Vapnik 2000, p. 293）推論方法を説明しているが、これは、新規事例が現れるに応じて、データからそれらの分類へと、ある意味で直接に推論する方法である。データを使って規則を推論し、それからその規則を使って新規事例を分類する方法から得られるものよりも、トランスダクションは、一定の条件の下で、かなりよい結果を与えている（Joachims 1999; Vapnik 2000; Weston et al. 2003; Goutte et al. 2004）。本書の第四章でこれについて論じる。

さしあたってのわれわれの主張は、われわれが説明してきたような帰納の問題――信頼できる帰納的方法を見つけるという問題――は、統計的学習理論において実り豊かに探求され得るし、されつつあるというものである（Vapnik 1998; Kulkarni et al. 1998; Hastie et al. 2001）。

7　結　論

まとめてみよう。われわれが理解してきたような帰納の問題は、帰納的推論の信頼性についての問題である。その問題を考える動機は、ときには、帰納を演繹と比較することによって与えられてきたが、その比較は、何が何から帰結するかについての論点と何が何から推論され得るかについての論点との混同に基づくものであるとわれわれは主張した。演繹は、何が何から帰結するかに関係があるが、帰納は、何が何から推論され得るかに関係がある。

唯一の本当の問題は、われわれが現実にどのように帰納的推論を行うかの詳細を規定しようと試みることだと提案する者もいた。この見方においては、自分の方法と信念とを反省的均衡において調和するように調整することで、信頼性についての争点への答えが与えられることになる。人々が提案されたような仕方で自分の意見を調整することで推論することが確かにあるという証拠はあるが、その結果は脆弱で信頼できないという証拠もかなりある。そして、自分の推論方法が信頼できると信じていない場合に、反省的均衡状態にあることは困難である。さらに、非常に単純な代替的方法よりも信頼性が低い方法で人々が推論することがよくあるという経験的証拠もある。以前信じられていたことを放棄することが推論には伴うことが多いことからして、望まれる信頼性の種類をどのようにして規定するかということさえも、明らかではないようにみえるかもしれない。

しかしながら、ある種の枚挙的帰納を行う方法を明細に規定することと、それらの信頼性についての諸問題に取り組むこととは、可能であると確かに判明している。これらの問題は、経験的に、また（その他の可能な帰納的方法についても密接な関係がある）統計学習理論において、理論的にも、研究され得るし、そうされてきたのである。

第二章　帰納とＶＣ次元

1　パターン認識

帰納的信頼性の問題は、学習理論における問題として見ることができる。それは、データから、信頼できる学習方法を見つけるという問題である。例えば、新規事例を分類するあるいは実数変数の値を推定するための信頼できる規則にデータを使って到達するための帰納的方法を、どのようにして見つけ、評価することができるだろうか。

この問題について考えるときには、二つの種類の方法ないし規則が注意深く区別されなければならない。分類や推定の規則は、そのような規則を見つけるための帰納的方法とは、注意深く区別されなければならない。分類や推定の規則は、対象となるものの観察された特徴を使って、それらを分類するあるいは実数変数の値を推定するための規則である。そのような規則を見つけるための帰納的方法は、データを使ってそのような分類や推定規則を選択するための方法である。

前章でわれわれは、ある特定の方法、すなわち、枚挙的帰納について論じた。本章では、枚挙的帰納を使って分類規則を学習すること及び実数変数の値を推定することについてさらに述べたい。次章では、われわれは、データを使って分類や推定規則にたどり着くいくつかの他の方法について論じる。

最終章である第四章では、これらの種類の帰納的方法を越えて、トランスダクションの諸方法について論じる。最初にデータを使って分類や推定の規則にたどり着き、今度はそれを使って、新規の事例が生じるに応じて、新規事例を分類するまたはそれらについて実数変数の値を推定するということは、トランスダクションでは、（ある意味で）行われない。トランスダクションの諸方法は、新規の事例について何を言うかを決めるにあたり、どのような新規の事例が実際に出てきたかについての情報を使うのである。しかし、本章（第二章）及び次章（第三章）では、われわれの関心の対象は、分類や推定の規則を見つけ出すための帰納的方法のみである。

帰納的方法は、新規の事例を分類するないし実数変数の値を推定するのに使い得るパターンをデータから見出すための原理である。よって、よい帰納的方法を見出すという問題は、ときにはパターーン認識問題と呼ばれる（Bongard 1970; Duda, Hart, and Stork 2001）。

(1)パターン分類

パターン分類問題ではわれわれは、対象の観察可能な特徴を使って対象を有限の数の範疇の一つへと分類するための規則を考え出そうとするが、ここで、各々の対象は、いくつかの可能な値を取り得るのであり、それが実数で表わされる。最も一般的な場合には、二つの範疇だけしかなく、これがわれわれがここで検討する場合である。医学的診断の目的では、諸特徴の値は一定の医学検査の結果を表わし得る。封筒に書かれた住所の認識では、封筒の関係のある領域は、$W \times H$ピクセルの格子で表現され得るが、各ピクセルの特徴値がそのピクセルの光強度を表わすので、$W \times H$個の異なる特徴があることになる。$W \times H$ピクセルの格子を使ってのカラー写真による顔認識では、特徴値には、各ピクセルのRGB値（そのピクセルの色の赤、緑、及び青の要素の強度）のそれぞれを表わすものが含まれ得るので、$3 \times W \times H$個の異なる特徴があることになる。

各々の観察可能な特徴は、D次元特徴空間上の一次元として扱われ得る。単一の特徴Fが存在する［のみの］場合には、その特徴空間は、一次元であり、線である。その特徴空間上の点には、その特徴の値を表す単一のF座標が与えられている。二つの特徴、F_1とF_2とがある場合には、特徴空間は二次元の平面であり、各点には、それらの二つの特徴の値を表す二つの座標（F_1座標とF_2座標）が与えられている。三つの特徴、F_1とF_2とF_3とがある場合には、三次元特徴空間上の点には、特徴F_1の値を表すF_1座標、特徴F_2の値を表すF_2座標、及び特徴F_3の値を表すF_3座標が与えられている。

$H \times W$色ピクセルの場合には、この空間は、$3 \times H \times W$次元である。この広大な特徴空間上の各点には、$3 \times H \times W$個の座標が与えられている。そのような各点は、特定の可能な色状態、すなわち、特徴値を色ピクセルに割り当てる特定のやり方を表している。

その場合、学習のためのデータを、特徴空間上のラベル付けされた点により表すことができる。そのような各点の座標は、対応する特徴値を持つ対象を表す。ラベルは、ひょっとしたら「専門家」により与えられるような、その対象の分類を示す。

その場合、範疇分類されるべき、可能な新規事例は、ラベル付けされていない点により表され、帰納の仕事は、既にラベル付けされたデータ点に基づいて、内挿ないし外挿により、ラベル付けされていない点にラベル付けをするということになる（図２－１）。

(2) 実数変数の値を推定する

関連する問題の一つに、どのようにデータを使って実数変数の値を推定するかという問題がある。この問題は、実数変数の値が特徴空間上の点の正しいラベルとなる場合の範疇分類問題のようなも

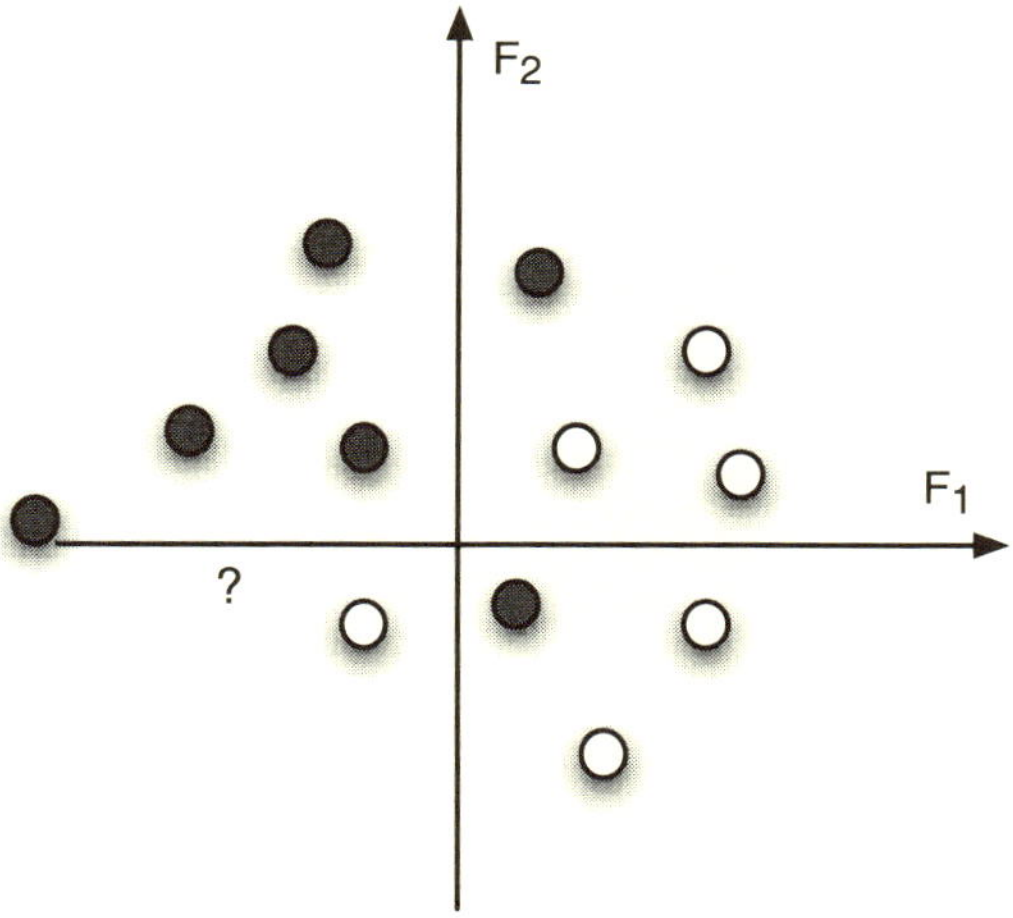

図 2—1　特徴空間

灰色のドットは、イエスとして分類された点をラベル付けし、白のドットは、ノーとして分類された点をラベル付けする。疑問符があるところの点は、ラベル付けされていない。

のである。しかしながら、範疇分類と実数変数推定との間には、二つの重要な違いがある。一つの違いとしては、範疇分類は、少数の有限な数の可能な範疇（例えば、二個——イエスとノー）の一つを適用することを伴うが、実数値変数の可能な値は、非可算的に無限であり得る、ということがある。これは、次のような第二の違いを生じさせる。推定においては、正しくない推定の確率を考慮することは有用ではない。その代わりに、二つの実数値がどのくらい近接しているかということを考慮することの方が（それらが精確に同じであるかどうかということよりも）、適切である。

変数推定問題は、変数の推定値が$D+$

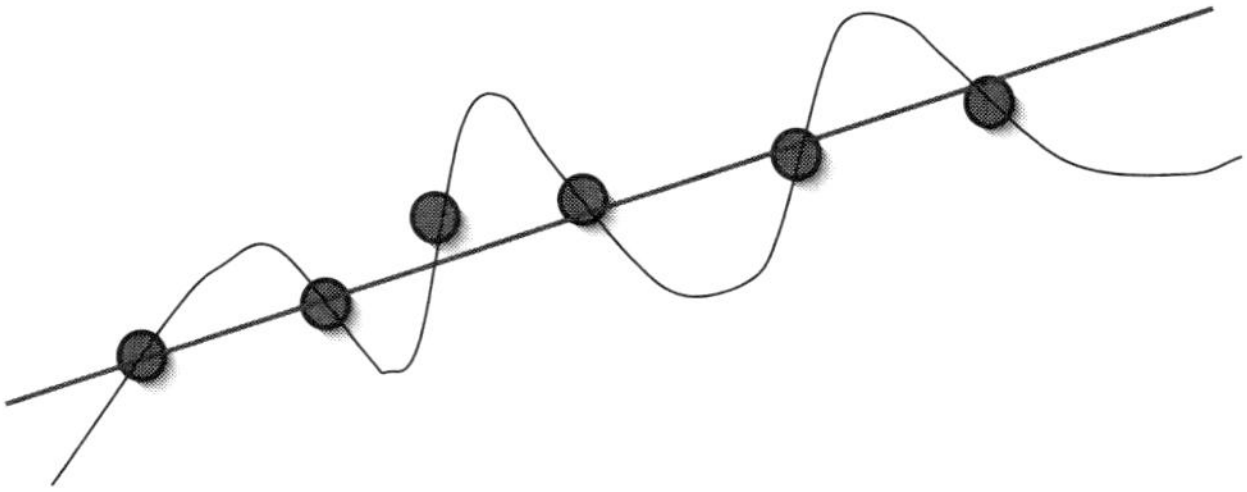

図２―２　カーブフィッティング

１次元空間上の「曲線」（または超曲面）として表されるならば、「カーブフィッティング問題」だとみなされ得る。非常に単純な例（図２―２）を取るが、実数変数yについてのわれわれの推定が、ある引数xの関数$f(x)$となると、そして、われわれの課題がyの最良の推定を与える関数をデータを使って見つけ出すことであるとしてみよう。各データは、x座標が引数の値を表し、y座標がその特定のデータに従う推定関数の値を表すような平面上の点として表され得る。われわれの課題は、データにうまくあてはまる曲線を求めることによりyを推定することである。

２　背景確率分布

一般的に、分類問題では、観察された特徴とそれらの特徴を持つ対象の最良の分類との間には完全な相関は存在しないだろう。一つには、観察された特徴において測定上のノイズすなわち誤差があり得る。さらに、特徴と分類との関係は、ノイズの問題をさておくとしても、せいぜい確率的であるに過ぎない。例えば、ある人の表情の写真だけが与えられているときに、彼または彼女がそのとき幸せな気分にあるかどうかを認識するということが課題だとしよう。一定の表情を見せる人は、幸せな気持ちであるときもあれば、悲しい気持ちであるときもあるということはたぶん真実であろう。よって、その写真に示された特徴とその人が幸せな気持ちであるか悲しい気持ちであるかについての正しい分類との関係は確率的に過ぎない。

同じように、実数値変数の推定では、データのノイズを、また、われわれが推定を行うのに使う要素以外の他の要素に変数が依存する可能性をも、考慮に入れなければならない。

ひょっとしたら帰納的結論の信頼性についての諸々の問いは知られていない背景確率分布が存在することを前提にしているのではないかと、われわれは既に示唆している。分類規則の信頼性についての議論は、観察可能な特徴と正しい分類との間に統計的な確率的連関があることを前提している。そして、実数値変数の推定規則の信頼性についての議論は、観察可能な特徴とそれらの特徴が与えられた場合の変数の値との間に統計的な確率的連関があることを前提している。

よって、ある対象が一定の観察された特徴を持つ場合に、それが正しくAとして分類される条件的確率$P(A|F_1\&F_2\&F_3\&\ldots)$を（とりわけ）規定する背景確率分布$P$が存在するとわれわれは仮定する。すなわち、このようにして、$F_1\&F_2\&F_3\&\ldots$なる値をとる特徴が観察された場合に所与の変数の値がAである条件的確率を背景確率Pが規定すると、われわれは仮定する。（多くの状況に

おいて、単純な条件的確率よりもむしろ、条件的確率密度が必要である。例えば、Duda, Hart, and Stork 2001を参照のこと。)

言い換えれば、データは背景確率分布から生じるランダムな標本を表すとわれわれは仮定する。そして、われわれがたまたま出くわす新規事例もまた、その確率分布によりランダムに生み出されるとも仮定する。それが正規分布であるとか、その平均、標準偏差等が知られているとは仮定しない。これは、「ノンパラメトリック統計学」の問題である。なぜなら、背景確率分布のパラメタについては、何も仮定されていないからである。

背景確率分布について立てられている唯一の仮定は、次のようなものである。(1)一定の特徴を持ち一定の分類を受ける対象の出現確率は、他の対象の出現確率とは独立である。(2)それぞれの対象の出現は、同じ分布に従う。確率的独立性・同一分布の仮定のよく知られている一例には、投げられたコインの表が出る確率は、コイン投げの他の試行の結果とは独立であり、各試行で表が出る確率は同じである、という仮定がある。(そのような確率的独立性・同一分布の仮定に基づいた理論が与えられている場合、独立同一分布の仮定を緩めることでその理論を拡張することが可能かもしれないが、本書ではそのような拡張は考慮しない。)

前章で手短に触れたギャンブラーの誤謬は、確率的に独立な事象に関する混乱に拠っている。投げたコインの表が四回続けて出た後、「表が出ることになっているから」次にコインを投げたときに表が出る確率は二分の一よりもかなり大きいと、ギャンブラーの誤謬のせいで、考えてしまうのである。

この考えは、次のような推論に拠っているのかもしれない。

コインは公平だから、コインを投げることを十分な回数繰り返すと、大体半数の場合に表が出るはずである。とりわけ、一〇回投げたときに、表が出る回数が四回から六回の間になることがかなりありそうである。最初の四回で表が出ていない以上、次の六回中少なくとも四回表が出る必要がある。よって、次に投げるときに表が出てくる確率は、少なくとも六分の四である。

この推論は誤りである。コインを投げた結果は確率的に独立であり、コインが公平なものであることから、次に投げたときに表が出る確率は、依然として二分の一である。当初四回裏が出たのにもかかわらず、長期的には、表が出る度数は二分の一に近付くということが真であることには変わりはない。いかなる有限回数の当初の結果の影響も、理想化された長期に渡る試行の残りの回数の影響に比べれば小さなものとなるだろう。「長期的」は、無限に長期的なのであり、有限でしかないいかなる当初の試行よりもずっと長いのである。表が出る度数が二分の一に近付くいかなる無限試行系列に対して、その冒頭にどれほど多数の有限回数の試行が加わっても、表が出る度数は変わらずに二分の一に近付くのである。

3　分類・推定の規則の信頼性

(1) 分類規則の信頼性

われわれは、分類規則とそれらの規則を見つける方法との違いについて論じた。分類されるべき対象がどのように特徴空間上の点として表され得るか、及びデータがどのように特徴空間上のラベル付けされた点として表され得るかについても論じた。われわれは、分類規則の信頼性が、知られていないかもしれない統計的背景確率分布に依存することを指摘した。そして、背景確率分布については最小限の仮定、すなわち、確率的独立性・同一分布の仮定しか立てられないかもしれないことを指摘した（前述したように、この仮定は様々な形で緩和され得るが）。

今や、われわれは二つの問いを区別できる。

1．（知られていない）背景確率分布に関して、最上の分類規則はどのようなものであるか。

2．背景確率分布が知られていないならば、どのような条件の下で、データを使って最上の（あるいは十分よい）分類規則を見つけることができるか。

第一の問いに対する一つの可能な答えは、最上の規則は誤りの期待度数を最小化するものだというものである。ここで、誤りの期待度数とは、当該の規則の使用により誤りが生じる（知られていない背景確率分布に従う）確率のことである。

その答えは、全ての誤りが等しく悪いということを仮定している。もし一定の種類の誤りが他のものより悪いならば、このことは考慮に入れ得る。それは、例えば、医学的検査で生じ得る。というのも、医学的検査では、偽陽性は偽陰性ほど深刻ではないということがあり得るからである。その場合には、誤りの種類に応じて異なる重みないしは費用を割り当て、そして最上の規則を、期待費用を最小化するものとして扱うことができるかもしれない。

最上の規則は、標準的には、「ベイズルール」（例えば、Hastie et al. 2001, p. 21 を参照）と呼ばれている。（知られていない）背景確率分布を条件として、ベイズルールは、各特徴集合について、その特徴集合を前提としての、期待費用が最小である分類を選ぶ規則である。全ての誤りが悪いという特殊な場合には、ベイズルールは、各特徴集合について、その特徴集合を条件とする条件確率が最大の分類を選ぶ規則となり、結果的にその場合の誤りの確率は最小となる。（単純化のために、以下では、全ての誤りを等しく悪いものとして扱い、最上の規則を単に期待誤差を最小化する規則とみなす。）

(2) 実数変数推定の規則の信頼性

実数値変数の推定では、データについてノイズを考慮に入れなければならないことに加えて、当該の変数がデータの観察可能な特徴に確率的にしか関係していないという可能性も考慮に入れないといけないということを思い起こしてほしい。よって、それらの観察可能な特徴の値が与えられたときに、実数変数は様々な値――その確率（または確率密度）は、知られていない背景確率分布により決定される――を取り得るだろう。それらの値が観察可能な特徴の値であるような特定の状況では、実数変数は特定の値をとるだろう。その状況での、それらの引数値に対応する関数値についての特定の推定の誤差の量は、その状況での推定値と変数値との差の絶対値によって、またはその差の自乗によって、測ることができるかもしれない。より一般的には、所与の観察可能な特徴に関する推定についての期待誤差は、それらの引数に対しての推定値のあり得る誤差量の和をそれらの誤差の確率により重み付けしたもの（または確率よりもむしろ確率密度を使って積分したもの――詳細は省略）である。あり得る全ての観察可能な特徴を条件とする、変数値推定の規則には、観察可能な特徴の様々な値についての期待誤差の和をそれらの特徴値を観察する確率によって重み付けしたものに等しい期待誤差がある（これもまた、通常、和よりも積分値になるだろう）。このようにして、実数変数値推定のいかなる規則にも、背景確率分布により決定される期待誤差がある。よって、変数推定についてのベイズルールが、最上の規則、すなわち、一般に期待誤差が最小である変数を推定する規則となる。

4　帰納的学習

十分なデータが与えられたとして、ベイズルールを選択するようにしてくれる帰納的方法はあるだろうか。

一つの道としては、データを使って、最初に背景確率分布を発見し、または少なくともそれに近似する分布を見出し、それからその確率分布を使ってベイズルールを決定するというものがあろう。しかし、後で分かるように、それは非実用的である。実のところ、十分なデータを前提として、背景確率分布が何であろうと機能するベイズルールを精確に見出す実用的な方法はない。

幾分控え目な目線で、われわれは次のような帰納的学習の問いを考えることができる。ベイズルールと同じ位よい（またはそれに匹敵する）パフォーマンスを有する分類規則または実数変数推定規則をどの程度データを使って見つけ出すことができるだろうか。

第三章で、この最後の問いに対する肯定的な解答を説明する。われわれが得るデータの量が増えるにつれてベイズルールにパフォーマンスが近付くような分類規則または実数変数推定規則をデータを使って見つけることができるというのは、一理あることなのである。

しかし、その解答を説明するためには、本章の残りの部分を、第一章で論じ始めた枚挙的帰納法のパフォーマンスを考慮することに費やすのが有用であろう。同章でわれわれは、枚挙的帰納を使って範疇分類の規則を見つける例を挙げた。枚挙的帰納は、実数変数推定の規則を見つけるのにも使えるかもしれない。枚挙的帰納は、データを使って、制限された規則集合Cから規則を選ぶための、つまり、データに対して誤差が最小となるような規則をCから選ぶための方法であるということを思い出してもらいたい。

枚挙的帰納の背後にある考え方は、第一に、規則の「経験的リスク」、つまり、データに対するその誤り率を、新規の事例についてのその期待誤差の推定値として使い、そして第二に、Cからデータに対して経験的誤りが最小である規則を選ぶ、というものである。

Cから選ばれるいくつかの規則が、データに対する誤りが等しく最小となって並ぶことはあり得る。その場合には、枚挙的帰納は並んだ規則全てを支持するとわれわれは言おう。

第一章で触れたように、この方法は、Cに含まれる規則に有意な制限がある場合にのみ有用である。全ての可能な規則が含まれているとしたら、データに対する誤りを最小化する規則は、そのデータに現れない特徴を持つ対象についての全ての可能な判断を――その他の事例への全ての可能な内挿と外挿とを――支持することになってしまう。

他方、これも第一章で述べたことだが、Cの規則についての有意な制限があるとしたら、Cはべイズルールを、つまり期待誤差が最小の規則を、含んでいないかもしれない。実際、ベイズルールの最小期待誤差に匹敵するような期待誤差を伴ういかなる規則をも、Cは含んでいないかもしれない。Cの最上の規則の期待誤差は、ベイズルールよりもかなり大きいかもしれない。

それでも、Cの諸規則に関して一定の最小期待誤差が存在するだろう。それならば、枚挙的帰納の目標は、期待誤差がその最小値に近い規則を見つけることになろう。あるいは、十分な量のデータなしにそのような規則を見つけられると予想され得るような規則は存在しない以上、目標は十分な量のデータを条件としてそのような規則を見つけることになろう。実際、その目標さえも、ほぼ確実にそのような規則を見つけるという目標に比べると、余りに野心的である。すなわち、現実的な目標は、確率が1に近づくときに、データが増えていくことを条件として、各段階での枚挙的帰納により支持される規則の期待誤差がC中の諸規則の期待誤差の最小値に近づくということである。

線形分類・推定規則

分類規則に対する枚挙的帰納の例を考えてみよう。特徴空間上に表わされているものとしての、対象の観察可能な特徴についてわれわれは考えていることを思い出してほしい。何らかの種類の非常に単純なイエス／ノーの分類にわれわれが関心を持っているとしよう。それらの特徴は、D種類の異なる医学検査の結果であってもよいであろう。それらの結果による人の分類は、イエス、つま

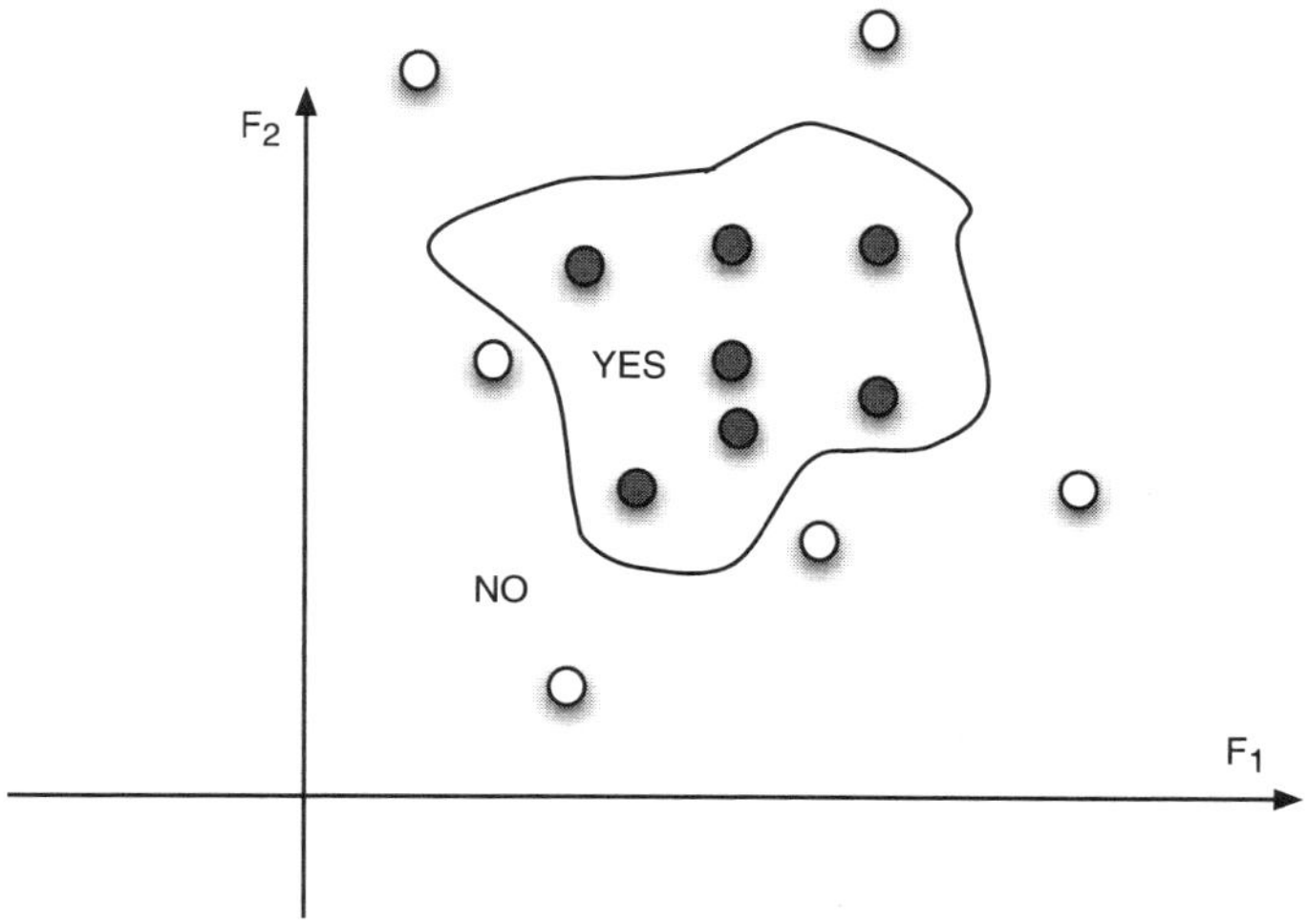

図２―３　特徴空間上の点集合としての規則

り「メトロシス（想像上の病気）」にかかっている、またはノー、つまりメトロシスにかかっていない、というものであってもよいであろう。特徴空間はD次元であり、一つの次元がそれぞれ、各試験の結果に対応する。この場合、任意の分類規則によって、その規則に従ってイエスと分類される点の集合が決定される。残りの点は、その規則によりノーと分類される。よって、規則を言語的ないし記号的表現と考える代わりに、われわれは特徴空間上の対応する点集合について考えることができる（図２―３）。つまり、ひょっとしたら、特徴空間の一定の散乱面積ないし体積ないし超体積――「超体積」、というのも、特徴空間の次元の数は、典型的な場合、３よりも大であるからである――について考えることができるのである。

線形分類規則は、イエスを一方の側に、ノーを他方の側にして、線または超平面により分けられた二つの部分に特徴空間を分割する、非常に単純な事例である。結果がF_1とF_2となる二つの医学検査があるとしたら、一つの可能な分類としては、もし$F_1+2F_2>6$ならば患者をメトロシスにかかっていると分類し、そうでなければメトロシスにかかっていないと分類するというものがあるだろう。点（0, 3）でF_2軸と交わり、点（6, 0）でF_1軸と交わる直線によって、その規則はイエスをノーから区別するという意味で、これは線形分類である（図2－4）。

いかなる所与のデータについても、データに対して誤りが最小である線形分類規則を見出すのは容易である。しかし、もちろん、そのような規則は、表し得ることが制限されている。例えば、それらは、特徴が正または負の値を持ち得る二次元特徴空間上でXOR規則を表すことができない。XOR規則は、F_1とF_2との積が負であるような点を、かつそのような点のみをイエスとして分類する。ノーとして分類される点は、（F_1とF_2との両方が正であるか、両方が負である故に）その積が正であるような点である。明らかに、図2－5においてイエス（グレー）の点とノー（白）の点とを直線によって分けることは可能ではない。

もちろん、線形規則以外に他の種類の分類規則はある。例えば、空間上の円ないし超球面の内部により表される円内規則がある。この種の規則は、特定の円ないし超球面の内部の全ての点をイエ

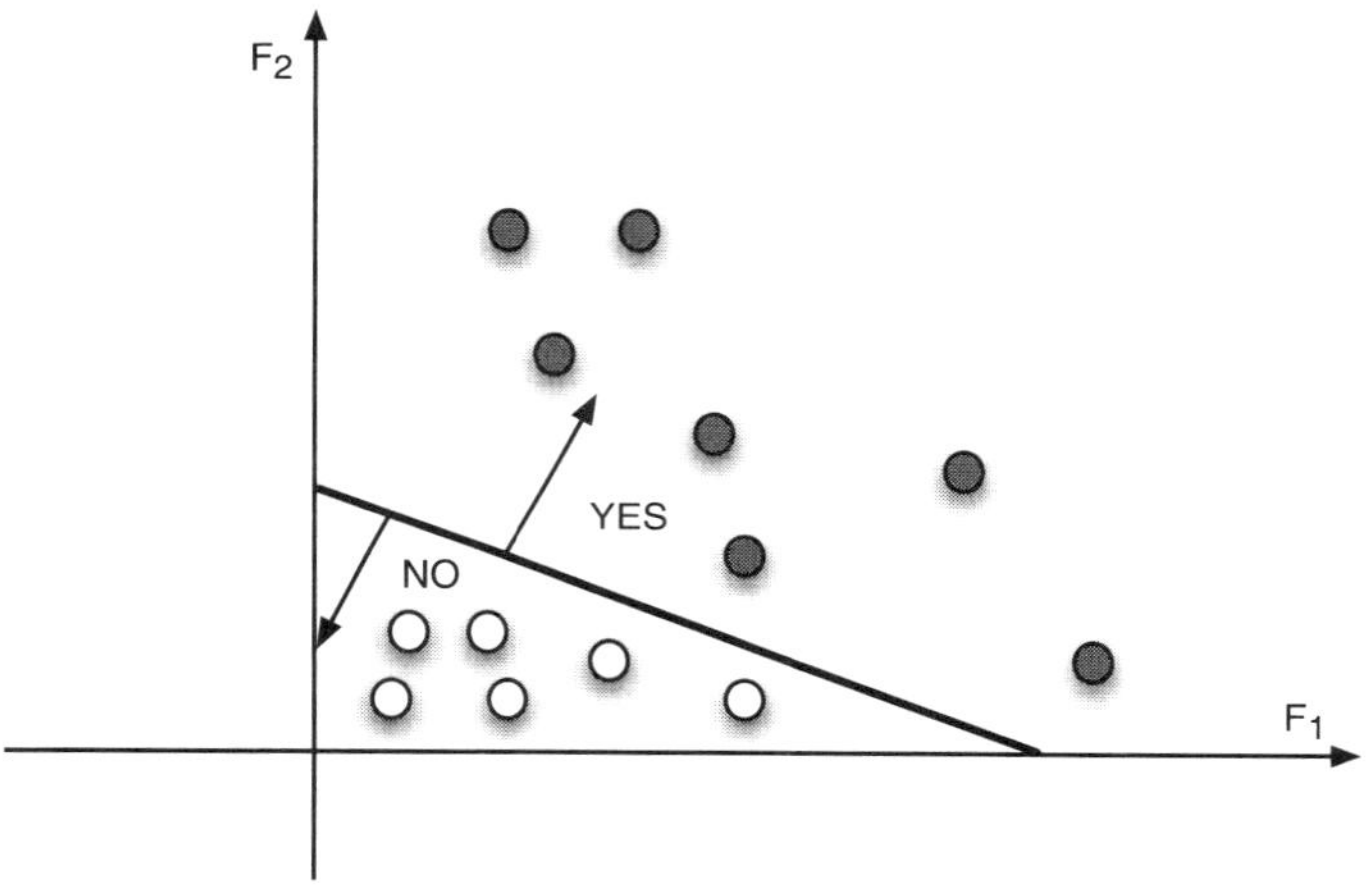

図 2—4　線形分類：メトロシス

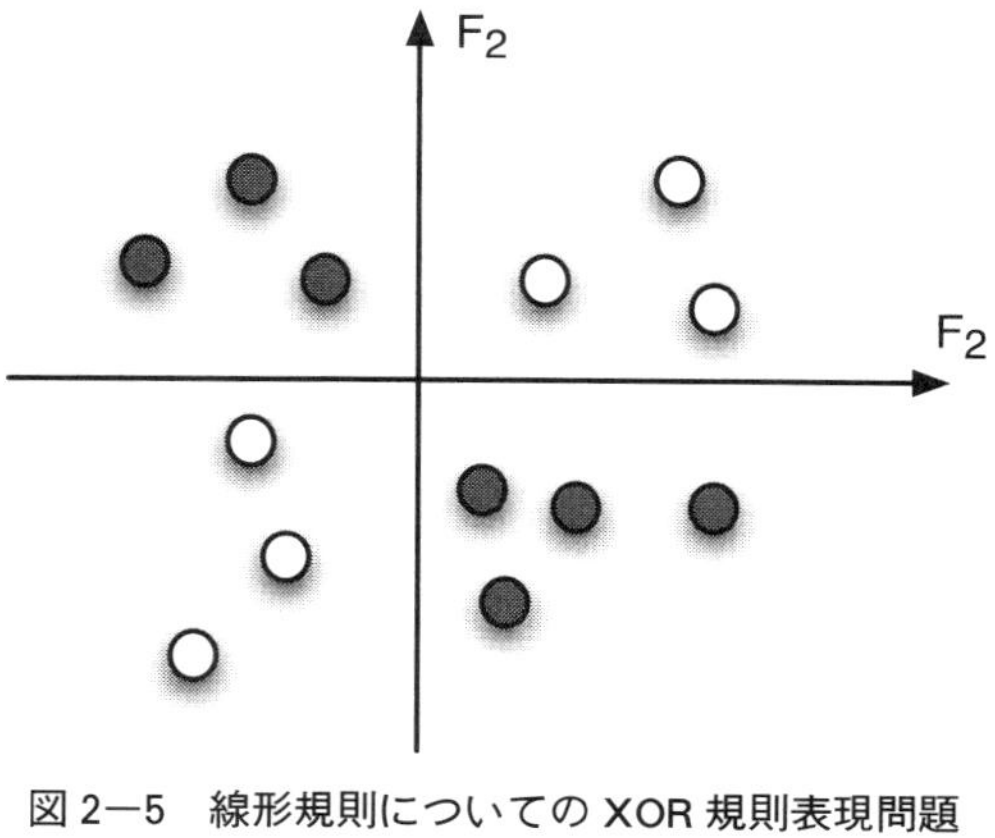

図 2—5　線形規則についての XOR 規則表現問題

スとして分類し、その他の点をノーとして分類する。円外規則もあり、これは円ないし超球面の外部により表される。円内規則及び円外規則の両方によって成立する円規則もある。四角形内規則及び四角形外規則の両方を含む四角形規則もある。ＸＯＲ規則のための規則を含む四分円規則もある。特徴空間上の点集合のいかなる集合についても、それに対応する分類規則集合が存在する。よって、分類規則の言語的ないし記号的表現よりも数多くの分類規則が存在する。

線形な範疇分類規則が役に立つことはまれであろうと思われるかもしれない。(1) しかし、線形推定規則は、かなり有用であることが多いのである。人々が与えることができるものよりも、専門家が与えることができるものすらよりも、よい推定を線形規則が与えるいくつかの領域を、本書の第一章で指摘した――少数の例を挙げるだけでも、医療的介入の成功の予測、常習的犯行の予測、明日の天気の予測、学業成績の予測、融資・信用リスクの予測、及びフランスワインのヴィンテージの質の予測がある（Bishop and Trout 2005, pp. 13-14 より）。

5　満足のいく枚挙的帰納の条件

われわれが強調してきたように、枚挙的帰納は限定された規則集合Cを前提としてのみ機能する。われわれが知りたいのは、知られていない背景確率分布が何であろうと枚挙的帰納が機能するとしたら、規則集合Cについては何が真でなければならないかということである。

言い換えると、確率が1に近づくときに、データが増えていくことを前提として、枚挙的帰納が各段階で支持する規則の期待誤差が、C中の諸規則の期待誤差の最小値に近づくということを保証するには、集合Cについて何が真でなければならないだろうか。

この種の収束は統計学の大数の法則により保証されているのではないのかと訝る人もいるかもしれない。その原理は、確率が1に近づくとき、いかなる特定の規則の経験的誤差も、データが増えていくことを条件として、その規則の期待誤差に近づくということを含意する。しかし、これは求められていることと同じではない。厄介なことには、無限に多くの規則がある場合には、考慮されるデータが増えていくのに伴って、枚挙的帰納により支持される規則が、無限に何度も変わりかねない。各規則の経験的誤差が極限に近づくとしても、そのことは、様々に変わる、各段階で枚挙的帰納により支持される規則の経験的誤差の極限については、何も含意しないのである。

例えばCは、期待誤差が0.1である規則及び、加えて、それぞれの期待誤差が0.5である規則の無限系列$c_1, c_2, \cdots, c_n, \cdots,$を含み得る。以下のことが生じるようなデータが存在することはあり得よう。規則c_iの経験的誤差が、データ点の数nがiを越えるまでは0である。その後、規則c_iの経験的誤差が0.5に近づく。この場合には、様々に変動する、枚挙的帰納により各段階で支持される規則の経験的誤差は0となるが、使用できる規則の期待誤差は常に0.1となろう。よって、各段階で支持される規則の期待誤差の最小値、すなわち0.1、には近づかない。

よって、必要なことには、各規則の経験的誤差がその期待誤差に収束するということだけではなく、様々に変動する、枚挙的帰納により支持される規則の経験的誤差が、極限におけるその規則の期待誤差の値に近づくということもあるのである。c_nが、データ点の数がnを越えると枚挙的帰納により支持される規則であるとしたら、それなら、必要なことは、データ点の数がnを越えてからの規則c_nの経験的誤差が極限でc_nの期待誤差に近づくことである。その場合には、確率が1に近づくときに、データが増えていくことを条件として、様々に変動する、枚挙的帰納により支持される規則の期待誤差は、極限でC中の規則の期待誤差の最小値に近づく。

（確率が1に近づくときに）C中の規則の経験的誤差がその期待誤差に一様収束するならば、次のことが生じる。R_cを規則cの期待誤差としよう。$\hat{R}^n_c$をデータ点の数がnを越えてからの規則cの経験的誤差としよう。$R^n = \max_{c \in C}(|\hat{R}^n_c - R_c|)$を$C$中のある規則の経験的誤差とその期待誤差との差の絶対値の最大値としよう。[2] そうすると、C中の諸規則の経験的誤差は、$n \to \infty$のときにR^nが0に収束する場合にのみ、その期待誤差に一様収束する。

そのような一様収束のためには、規則集合Cについて何が真でなければならないだろうか。ヴァプニクとチェルヴォネンキス（Vapnik and Chervonenkis 1968）は、この条件は、分類規則の集合Cが豊か過ぎない場合に、かつその場合に限り、分類規則について満たされるということを、（実質上）示している。ここで、集合の豊かさは、その「ＶＣ次元」と呼ばれるようになったものによって測られる。（似たような感じの結果は、次元の概念を適切に修正すると実数変数推定規則についても成り立つが、ここでは、分類規則についての結果のみを論じる。）

特徴空間上のあるN点集合の点のいかなる可能なラベル付けについても、そのようにラベル付けされた点に完全にあてはまるようなCの規則が存在するという意味で、それらの点が特徴空間上のあるC中の規則により粉砕されるとしよう。その場合、規則集合CのＶＣ次元は、少なくともNである。より詳細に言うと、規則集合CのＶＣ次元は、特徴空間上のあるN点集合がC中の規則により粉砕されるようなNの最大数である。規則の集合が、有限のＶＣ次元を持たない――いかなる数NについてもC中の規則により粉砕されるN点集合が存在するゆえに――場合には、規則集合Cは、無限のＶＣ次元を持つ。

ＶＣ次元の定義は、あるN点集合が粉砕されることに言及しており、N点集合全てが粉砕されることには言及していないということに注目してほしい。イエスとノーとが直線により分けられるような、平面上の点の線形分類全てから成る集合を考えてみよ。この分類規則集合のＶＣ次元は3である。なぜなら、平面上の三点集合には、この規則集合により粉砕され得るものが存在するが、同時に、いかなる四点集合も粉砕され得ないからである。三つの共線点（すなわち、同じ直線上の三点）は、この規則集合では粉砕できない。なぜなら、中間の点をイエスとして分類し、外側の点を

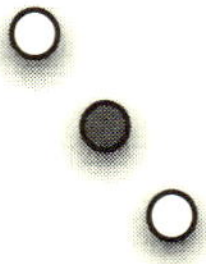

図2―6　3つの共線点は粉砕され得ない

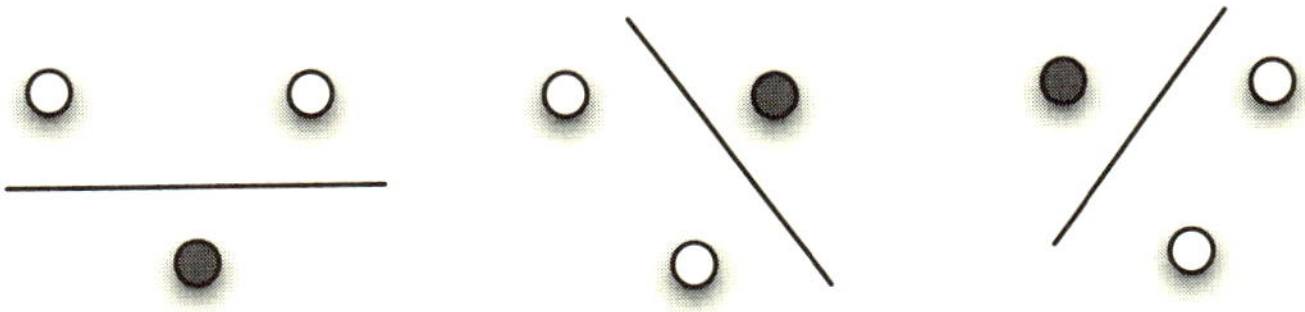

図2―7　平面上の3つの非共線点を粉砕している

ノーとして分類できるそのような規則はないからである（図2－6）。しかし、共線上にない三点は粉砕され得る。なぜなら、例えば、いかなる二点も直線により第三点から分けられるからである（図2－7）。よって、これらの線形分離のVC次元は少なくとも3である。そして、この規則集合によっていかなる四点も粉砕され得ないから、これらの線形規則のVC次元は、精確に3である。（もし、四点中のいずれかの三点が共線点であれば、その四点は粉砕できない。そうでない場合には、いずれの点も他の三点により定義される三角形の内部にないか、それらの一点がその内部にあるかのどちらかである。図2－8は、それらの場合に線形規則により分けられ得ないラベル付けを示す。）

いくつかの他の例：D次元空間上の全ての線形分離の集合のVC次元は$D+1$である。平面上の全ての長方形内部の集合のVC次元は4である。平面上の長方形の全

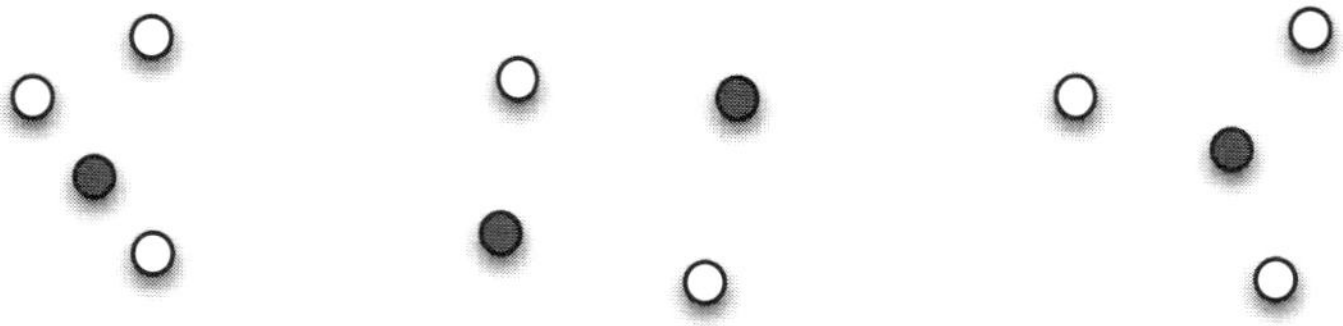

図2―8　いかなる4点集合も粉砕され得ない

ての和集合の集合のＶＣ次元は無限大である。

ということで、ＶＣ次元とは、こういう感じのものなのである。ヴァプニクとチェルヴォネンキス（Vapnik and Chervonenkis 1968）は、大ざっぱに言って、次のことを示している。C中の分類規則のＶＣ次元が有限であるならば、かつそのときに限り、背景確率分布が何であろうと枚挙的帰納が機能することが保証される。より正確に言うと（ある非常にゆるやかだが技術的な正則条件の下で）次のようになる。

> 背景確率分布が何であろうと、
> 確率が1に近づき、
> 考慮されるデータが増えていくとき、
> 枚挙的帰納が支持する規則の期待誤差がC中の規則の最小期待誤差に近づくのは、
> 以下のときであり、かつそのときに限る
> C中の規則のＶＣ次元が有限である。

この結果の半分は、C中の分類規則のＶＣ次元が有限でない場合には、どれだけ多くのデータ点が与えられようと、期待誤差がC中の諸規則間での最小値に近い規則のみを枚挙的帰納が選択するわけではないような確率分布が存在するだろうというものである。このことを理解するためには、n件のデータを得た後、何が予想され得るかを考えてほしいが、$K=1,000,000\times n$としよう。C中の規則のＶＣ次元が有限でない以上、C中の規則により粉砕される特徴空間上のK点集合が存在する。C中の規則により粉砕される、何らかのそのようなK点集合の各要素に確率K分の1を割り当てる確率分布を考えてみられたい。それらの諸点のいかなる部分集合も、もちろん、それらの規則により粉砕される。

よって、CのＶＣ次元が有限でないならば、いかなるn件のデータについても、次のような確率分布が存在する。何であれ得られたデータに適合するが、出てくるかもしれないその他の点全てについて――これらのその他の点の一つが何であれ所与の事例で出てくる確率は1に非常に近い――全ての可能な判断を与えるC中の規則が存在することを保証する確率分布がである。(何らかの所与の事例でそれらのデータ点の一つが再び出てくる確率は100万分の1である。)

これは、nがどれだけ大きくても真である。よって、確率が1に近づくときに、枚挙的帰納によって至る規則の期待誤差が、背景確率分布が何であろうと、C中の諸規則間での最小期待誤差に近づくというのは、真ではない。

ヴァプニクとチェルヴォネンキス（Vapnik and Chervonenkis 1968）の結果のもう半分は、C中の規則のＶＣ次元が確かに有限であれば、確率が1に近づくときに、枚挙的帰納により支持される規則の期待誤差は、背景確率分布が何であろうと、C中の諸規則間での最小期待誤差に近づくというものである。C中の規則のＶＣ次元がVであれば、次のような関数$m(V, \varepsilon, \delta)$が存在する。この関数は、$C$中の諸規則についての最小期待誤差率を$\varepsilon$より大なる差で越えるような期待誤差率を持つ仮説を枚挙的帰納が支持する確率がδ未満であることを保証するのに（知られていない背景確率分布を問わずに）必要なデータの最大量を示すものである。

そのような関数$m(V, \varepsilon, \delta)$が存在する場合には、「確率的に近似的に正しい」学習、すなわちＰＡＣ学習（この用語は、Valiant 1984による）が成り立っている。ここでは、εが小さいほど、C中の諸規則についての最小期待誤差に対するよりよい近似が得られ、δが小さいほど、支持される規則の期待誤差がその最小期待誤差に、望まれる範囲内で、近似する確率が高い。

6　ポパー

ヴァプニク（Vapnik 2000）は、この成果におけるＶＣ次元の役割とカール・ポパーの科学哲学の分野での著作における反証可能性の強調との間に興味深い関係を見ている。有名なことだが、ポパー（Popper 1934）は、科学的仮説と形而上学的仮説との違いは、科学的仮説が、形而上学的仮説がそうでないような仕方で、「反証可能」であるということであると主張している。一定の仮説が反証可能であるというのは、その仮説と矛盾するであろう証拠がある可能性があるということである。

ポパーによると、証拠によって科学的仮説を確立することはできず、証拠は科学的仮説を「反証」することしかできない。従って、科学的仮説は反証可能な推測なのである。有用な科学的仮説は、経験的試験に耐えた反証可能な仮説なのである。

枚挙的帰納には規則集合Cの選択が必要とされるということを思い出してもらいたい。その選択には、関連する規則がC中の規則であるという「推測」が関わる。この推測が形而上学的ではなく科学的な仮説としてみなされるには、ポパーによると、規則集合Cは、適切な形で「反証可能」でなければならない。

ポパーについての多くの議論は、彼の反証可能性の概念を、全か無かの問題として扱い、程度の問題とは扱っていない。しかし、実際のところ、ポパーは、反証可能性の困難さに程度があることを確かに許容している（Popper 2002, §31-40）。例えば彼は、線形仮説は二次形式の仮説よりも反証可能である——反証し易い——と主張している。これは、VC理論と調和する。なぜなら、線形分類規則の集まりは、二次形式の分類規則の集まりよりも、VC次元が低いからである。

しかしながら、コーフィールド、シェルコプ、ヴァプニク（Corfield, Schölkopf, and Vapnik 2005）は、仮説のクラスの反証可能性の困難さの程度についてのポパーの尺度は、ＶＣ次元には対応しないと述べている。仮説クラスCのＶＣ次元が、あるN点集合がC中の規則により粉砕されるような最大数Nである場合に、クラスの反証可能性の困難さの「ポパー次元」と呼び得るものは、あらゆるN点集合がC中の規則により粉砕されるような最大数Nとなる。このあるとあらゆるとの違いは重要であり、ポパー次元よりもむしろ、ＶＣ次元が、枢要な概念だということになる。

ポパーはまた、仮説クラスの反証可能性がそのクラスのインスタンスを選ぶのに使われる媒介変数の数の関数であると仮定している。これは、ポパー次元についても、ＶＣ次元についても正しくないということが判明しているが、このことについては次章で論じる。

このことは、彼自身の尺度の代わりにＶＣ次元を適切な尺度として採用することで、ポパーの反証可能性の理論が改良されるであろうことを示唆している。

7　総　括

本章では引き続き、帰納の問題を統計的学習理論の問題として扱ってきた。われわれは、帰納的な分類を帰納的な実数変数推定から区別した。帰納的分類の問題は、新規事例の諸特徴の一定の値に基づいて、それらの新規事例を分類する信頼できる規則にデータを使って到達するための帰納的方法を評価する問題である。われわれは、D次元特徴空間の概念を導入したが、特徴空間の各点は諸特徴値の一定の集合を表す。われわれの対象との遭遇及び対象の諸特徴値とそれらの正しい分類との相関の原因となるような、知られていない確率分布をわれわれは仮定した。その確率分布は最上の分類規則、すなわち期待誤差を最小化するベイズルールを決定するのである。

イエス／ノー分類という特別な場合については、われわれは分類規則を特徴空間上の点集合と、あるいはひょっとしたら一定の散乱面積や超体積と、同一視できる。例えば、線形規則は特徴空間を、線または平面または超平面により分けられる二つの領域へと分割する。

実数変数推定の問題は、一定の観察された諸特徴を前提として、実数変数の値についてのデータを使って、実数変数値の信頼できる推定に到達するための帰納的方法を評価する問題である。

枚挙的帰納は、一定の規則集合Cからとられる（諸）規則で、データに対する誤りを最小化するものを支持する。そもそも枚挙的帰納が有用になるとしたら、Cに含まれる規則には有意な制限がなければならない。よって、Cにはベイズルールに匹敵するような期待誤差を伴ういかなる規則も含まれていないかもしれない。よって、われわれは枚挙的帰納がベイズルールに近い期待誤差を伴う規則を支持することを期待できない。せいぜい、それは、C中の規則での最小値に近い期待誤差を伴う規則を支持するくらいであろう。そして、実際のところ、われわれは、それがC中の規則での最小値に近い規則を蓋然的に支持することに甘んじなければならない。

ヴァプニクとチェルヴォネンキス（Vapnik and Chervonenkis 1968）は、帰納的分類については、背景確率分布が何であろうと、確率が1に近づき、考慮されるデータが増えていくとき、枚挙的帰納が支持する規則の期待誤差がC中の規則間での最小期待誤差に近づくのは、C中の規則のＶＣ次元が有限であるときであり、かつそのときに限るということを示している。（似たような結果は帰納的な実数変数推定についても成り立つ。）

ＶＣ次元は、粉砕により説明される。C中の規則がN個のデータ点集合を粉砕するのは、N個の点のあらゆる可能なイエスとノーとによるラベル付けについて、そのラベル付けに完全にあてはまる規則が存在するときであり、かつそのときに限る。

言い換えると、C中の規則が完全に適切であるという主張を反証するような仕方でそれらのN個の点をラベル付けする方法はない。これは、枚挙的帰納による学習でのＶＣ次元の役割とカール・ポパーの方法論での反証可能性の役割との間に関係がある可能性を示すが、この関係については、次章でさらに論じることになる。

第三章　帰納と「単純性」

1　序

われわれが関心を持っているのは、帰納的方法の信頼性である。これまでのところ、われわれは枚挙的帰納の諸々のバージョンについて論じてきた。本章では、枚挙的帰納を、仮説間の何らかの順序関係——ひょっとしたら単純性によるものかもしれない——を考慮に入れる方法と比較する。対象データ範囲を、単純性または何らかのその代替物による仮説間の順序関係に対してはかりにかけるような、いくつかの異なる方法を比較するのである。それから、われわれは、統計的学習理論から来るこれらの考え方がどのようにいくつかの哲学的争点に光をあてるかについて考える。特に、これらの二つの種類の帰納的方法に対応する、グッドマンの（Goodman 1953）「帰納の新たな謎」に対する二つの応答の仕方を区別する。われわれは、カール・ポパーの科学的方法についての考え方のいくつかを検討し、これらの考え方について正しい点と間違っている点とを区別したい。最後に、われわれは、単純性または何らかの類似の順序関係に訴えることにより、一つの仮説をそれと経験的に等価な別の疑わしげな仮説に対して優先するための筋の通った方法がどのように与えられるかについて考える。

2　経験的誤差の最小化

第二章でわれわれは枚挙的帰納についての重要な結果（Vapnik and Chervonenkis 1968）を説明した。統計的学習理論では、枚挙的帰納は「経験的リスク最小化」と呼ばれている。全ての誤りが等しく悪いという状況においては、Cから規則を選ぶその唯一の規準は、その規則が、データに対して経験的誤差が最小であるようなC中の規則の一つであるというものである。経験的リスク最小化の方法は、分類規則を選択するのに使われる場合には、以下の性質を持つということを、ヴァプニクとチェルヴォネンキスは示している。CのVC次元が有限であるとき、かつそのときに限り、背景確率分布が何であろうと、確率が1に近づくとき、得られるデータが増えていくにつれ、枚挙的帰納は、期待誤差がC中の規則間での最小期待誤差に近づくような規則を受け入れるように導いてくれる。[1]

さらに、Cが有限なVC次元Vを持つときに、次のような関数$m(V, \varepsilon, \delta)$を規定できる。その関数は、この最小期待誤差の値からεの範囲内でそれに近似するような期待誤差を伴う規則を支持する一定の確率（$1-\delta$）を保証するのに必要なデータ量の上界を示すものである。

これは非常に好適な結果であるが、厄介なものでもある。なぜなら、CのVC次元が有限であるならば、Cの最上の規則が、可能な最上の規則であるベイズルールよりもずっと大きな期待誤差を伴いかねないからである。例えば、常に間違っている一つの規則しかCが含んでいないならば、C中の最上の規則の誤り率は、ベイズ規則の誤り率が0であっても、1である。Cが多くの規則を含み、CのVC次元が大きいとしても、Cの最上の規則の誤り率は、ベイズ規則の誤り率が0に近いかもしれないとしても、0.5に近いかもしれず、これではせいぜい無作為なあて推量程度である。

D次元特徴空間上のイエスとノーとを直線、平面、または超平面によって分ける線形分類規則についてのわれわれの議論を思い出してほしい。これらの規則のVC次元は$D+1$に等しく、それは、特徴空間の次元が有限である（通常そうである）限り、有限である。しかし、線形規則は、それ自身かなり制限されている。例えば、XOR分類規則は、イエスとノーとの線形分離を使っての分類によっては、十分には表され得ないということを思い出してもらいたい。まさしく、その分類のための最上の線形規則でも、非常に高い期待誤差を伴いかねないのである。

確かに、線形規則に加えて又はその代わりにもっと多くの規則を含むような規則のクラスCを、われわれは使うことができる。CのVC次元が有限である限り、そうすることはできる。しかし、CのVC次元がいかに高くても、それが有限ならば、C中の最上の規則の期待誤差がベイズルールの期待誤差に近くなるという保証はない。

3　普遍的一致性

C中の最上の分類規則の期待誤差があらゆる規則の最上の規則たるベイズルールの期待誤差に近くなることを保証するためには、CのVC次元が無限である必要がある。しかし、そうすると、枚挙的帰納についての好適な結果は、出てこない。C中の規則の最小期待誤差（この場合、これはベイズ規則の誤り率）からεの範囲内にある期待誤差を伴う規則を支持する一定の確率$(1-\delta)$を保証するのに必要なデータ量の上界を与える関数$m(\mathrm{V}, \varepsilon, \delta)$を規定することはできないだろう。

他方、ヴァプニクーチェルヴォネンキスの結果により与えられる類の一様収束の保証はないものの、それとは違う望ましい性質を持つ範疇分類規則を見つけるための、他の帰納的方法は存在する。とりわけ、一定の方法は普遍的一致性を示すということが示され得る。普遍的一致性を示す方法とは、いかなる背景確率分布についても、確率が1に近づき、得られるデータが増えていくとき、その方法が支持する規則の期待誤差が、極限において最上の規則、すなわちベイズルール、の期待誤差に近づくというものである。

普遍的一致性は、一様収束を含意しない。(確率が1に近づくとき）その方法が支持する規則の期待誤差がベイズルールの期待誤差からεの範囲内になることを保証するのに必要なデータの量の上界は存在しないかもしれない。それにもかかわらず、普遍的一致性はあきらかに、方法にとって望ましい性質である。それは確かに収束的結果をもたらすのである。なぜなら、普遍的一致性を示す方法が支持する規則の誤り率はベイズルールの期待誤差に収束するからである。このことは収束率を保証しないものの、そのような保証を与える方法はないことは示され得る。

最近傍規則

普遍的一致性を示す一種の最近傍規則が存在する。とはいえ、そのような規則で最も単純なものは普遍的一致性を示さないが。

特徴空間においてデータはラベル付けされたデータ点として表され得ることを思い出してほしい。その空間上で距離測度が定義されたとしよう。そうすると、1最近傍法に従うと、新規対象はその特徴空間上で最近傍のデータと同じ範疇を持つものとして分類される。そうすると、n件のデータ

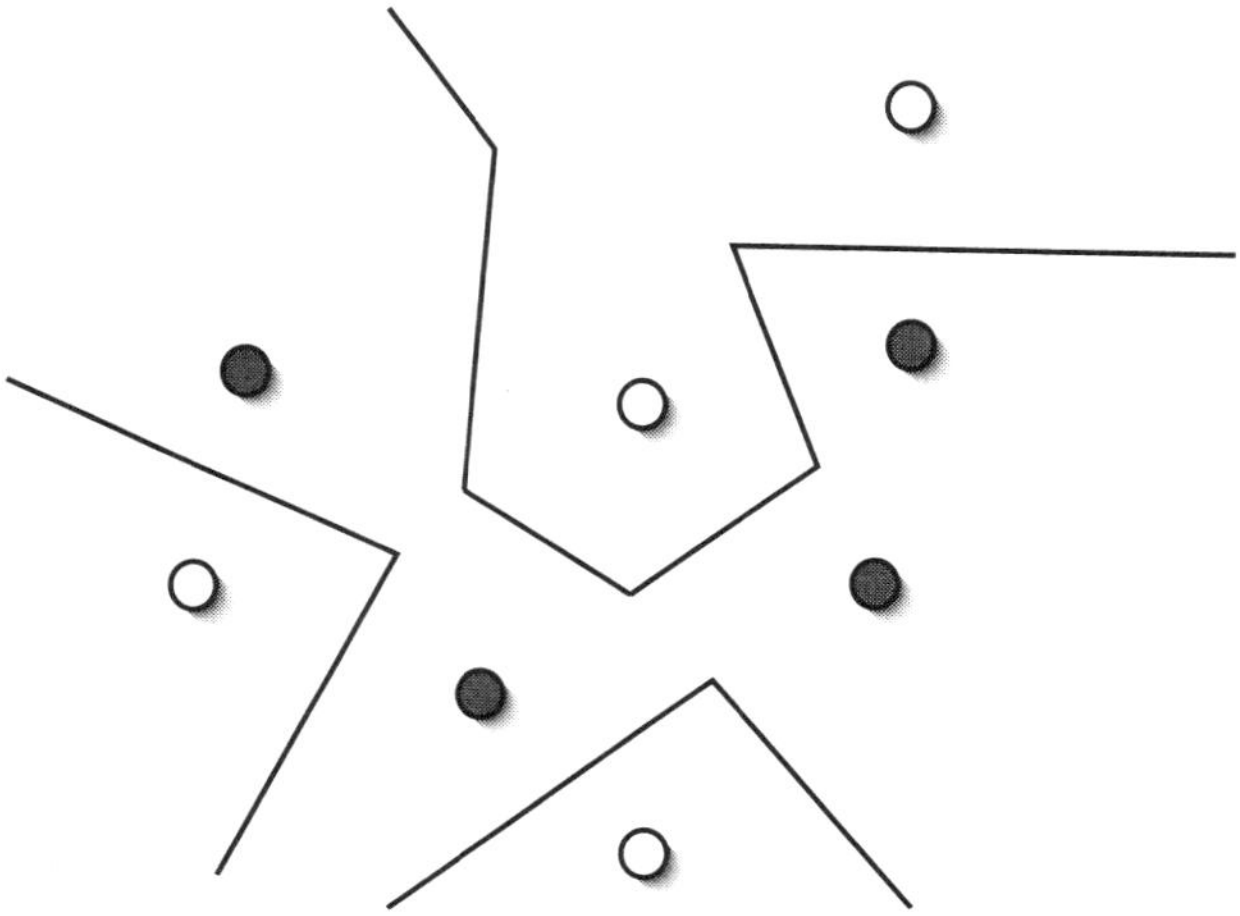

図 3—1　最近傍分類

のいかなる集合も、対応する分類規則を規定するのに役立つ（図３—１）。得られるデータが増えていくにつれ、対応する規則は、新規事例のラベルに適合するように変化する。1最近傍規則は、普遍的一致性を示さないが、極限において1最近傍規則の期待誤差はベイズルールの期待誤差のせいぜい二倍であることが示され得、これは、ベイズ規則の誤り率が非常に小さければ、かなりよいことである。

1最近傍規則の変種を使って、もっとましな結果を得ることも可能である。例えば、k最近傍法に従うと、特徴空間上の最近傍のデータだけではなく、k個の最近傍のデータを見て、それらのk個の最近傍のデータの過半数が入る分類を新規項目に割り当てて、新規対象が分類される。これはときおり（常にではない）1最近傍規則よりもよい結果を出すが、普遍的一致性を示すまでには至らない。

普遍的一致性を示す最近傍規則を得るための鍵は、使われる近傍の数を n（手持ちのデータの量）と共に増大させることにあるが、速過ぎないようにしなければならない。すなわち、k を n の関数とするのであり、そのため、これは K_n 近傍法と呼ばれる。訓練データの量が増えるにつれ、いっそう多くの近傍が使われるようにするために、$k_n \to \infty$ とする。しかし、使われる近傍の数が、漸近的に、データの総量に対して無視できる程度になるように、確実に $\frac{k_n}{n} \to 0$ となるようにする。これによって、範疇分類したいと思う特徴空間上の点によりいっそう近づく近傍のみが使われることが保証される。例えば、両方の条件を満たすために、$k_n = \sqrt{n}$ としてもよいだろう。

いかなるそのような（$k_n \to \infty$ かつ $k_n/n \to 0$ となるような）K_n についても、極限においては、訓練データが増えるにつれて、K_n 近傍規則のパフォーマンスは、最適なベイズルールのそれに近づく。よって、この種の K_n 近傍規則は、普遍的一致性を示す。

不幸にも、収束率が任意に遅い確率分布が常に存在するだろう。これは、有限なＶＣ次元を伴う規則のクラス C を使う枚挙的帰納とは異なる。後者においては、C 中の分類規則での最上の誤り率への収束は任意に遅いということはなく、上述のように、一定のパフォーマンスを達成するために必要なデータの量の上界を設定する関数を規定できる。他方、枚挙的帰納については、C 中の規則にはベイズルールが含まれないかもしれないし、ベイズルールの誤り率に近い誤り率の規則が含まれないかもしれない。

4　構造的リスク最小化

今度は、普遍的一致性を示すような、データを使って分類規則を選択するための方法で、別の種類のものについて論じたい。枚挙的帰納に対するこの別の選択肢は、データに関する経験的十全性とひきかえに別の要素を得るものである。この別の要素は、ときには「単純性」と呼ばれるが、それは常にこの要素の最も良い名前であるとは限らない。

この種の方法の一例である「構造的リスク最小化」（Vapnik and Chervonenkis 1974）は、有限なＶＣ次元を伴う規則の諸クラスの無限の入れ子を含むある規則クラスとの関係において定義される。より正確に言うと $C=C_1\cup C_2\cup\ldots\cup C_n\ldots\cup$ であり、ここで $C_1\subset C_2\subset\ldots\subset C_n\subset\ldots$ かつ $i<j$ のとき C_i のＶＣ次元は C_j のＶＣ次元より小である。この種のいかなるクラス C も無限のＶＣ次元を持つ。

構造的リスク最小化は、当該の規則のデータに対する経験的誤差の、何らかの所与の関数とその規則を含む最小のクラスのＶＣ次元とを最小化するような任意の規則を支持する。例えば、それはこれらの二つの量の和を最小化する任意の規則を支持してもおかしくない。

これらの入れ子構造のクラスを選ぶには、またデータへの適合とVC次元との間のトレードオフを選ぶには、多くの方法があることが示され得る。その結果、構造的リスク最小化は、確率が1に近づくときに極限においてベイズ規則の期待誤差に近づく期待誤差を伴う規則を支持することによって、普遍的一致性を示すことになる。

5 最小記述長

構造的リスク最小化は、データに関する経験的十全性を規則又は仮説間の何らかの順序関係に対してはかりにかける一つの方法である。その場合、規則は、有限のVC次元の入れ子の諸クラスの要素であり、それらが属する最小のクラスのVC次元によって順序付けられる。他の種類の様々な順序付けも提案されている（例、Rissanen 1978; Barron et al. 1998; Chaitin 1974; Akaike 1974; Blum and Blum 1975; Gold 1967; Solomonoff 1964）。

別の種類の規則の順序付けの一つとしては、ある特定の表現体系におけるその最小表現の長さ——例えば、特徴空間上の点の関連するラベル付けを指定する一定の種類のコンピュータプログラムで最短のもの——を使うものがある。このようにして表される規則のクラスは、無限のVC次元を持ちかねないので、経験的リスクの最小化に頼る枚挙的帰納だけでは、有効ではない。しかし、全ての表現可能な規則のいかなるそのような順序関係も、データに対する規則の経験的十全性を当該順序関係におけるその位置に対してはかりにかける帰納的方法において使うことができるのである。この種の方法には、極限において、ベイズルールの期待誤差に近づく期待誤差を伴う規則を支持する傾向があるものもあろう。

ところで、諸々の規則が最小記述長により順序付けられるならば、$y=ax+b$ の形式を持つ全ての線形規則が当該順序関係において同じ位置を持つというのは真とはならない、ということに留意されたい。なぜなら、媒介変数 a と b とは、その値の記述により置き換えられなければならず、固定した表現体系が与えられているので、それらの媒介変数の異なる値は、より長い、または短い表現によって表されるからである。この理由により、線形規則の中には一部の二次形式の規則よりもかなり長い表現を必要とするものもあり、そうすると、それらの二次形式の規則は、この規準によりそれらの線形規則「より」も「単純な」ものとして扱われることになる。

構造的リスク最小化に関わる類の順序関係は、表現長によるいかなる種類の順序関係ともいくぶん異なる種類のものである。構造的リスク最小化では、規則は数学的関数と同一視され、従って、考慮する対象は、所与の体系において有限的に表現される規則のみに限定されない。数学的関数として考えられた線形規則の数は、非加算無限であるが、有限に表現可能な線形規則の数は加算無限でしかない。

その考慮はさておいても、構造的リスク最小化の結果として生じる順序関係は必ずしも整列順序ではない。なぜならそれは、その順序関係のあらゆる規則について、その前に順序付けられた規則が、たかだか有限多数でしかないという性質を持たないかもしれないからである。構造的リスク最小化の典型的な適用では、いかなる非退化的な二次形式の規則の前にも、無限多数の線形規則が順序付けられる。しかし、記述長による規則の順序関係は、(その最短の表現が同じ長さを持つ全ての規則を「アルファベット順に」順序付けることにより) 規則の整列順序に変換され得る。

6 単純性

経験的適合性に対してはかりにかけられている順序関係が単純性に基づく順序関係とされているとしたら、それは世界が単純であると誤って仮定しているという異論があるかもしれない。しかし、帰納的推論において単純性をこのように使うことは、世界が単純であると仮定するわけではない。問題になっているのは、相対的単純性なのである。帰納では、データに等しく適合するより単純な仮説が、それよりも単純でない仮説よりも好まれる。十分なデータが与えられたときに、この選好によって、非常に単純でない仮説を受け入れることに至ることもあり得るのである。

7　実数変数の推定とカーブフィッティング

われわれは、分類規則を見つけ出すことを狙いとするものとして、これらの二つの種類の帰納を検討してきた。類似の結果は、関数推定すなわちカーブフィッティングにもあてはまる。ここではわれわれは実数変数の値の推定についての前述の議論を振り返り、構造的リスク最小化がどのように適用されるかを示す。

実数変数推定では、D個の観察された特徴のそれぞれの値が与えられたとして、変数の値を推定するのが課題である。問題の変数は諸特徴の全てに依存するかもしれず、しないかもしれず、その他の量にも依存するかもしれない。われわれは、諸特徴の値と当該関数の可能な観察値との間の確率的関係を規定する背景確率分布が存在することを仮定する。D個の観察可能な特徴のそれぞれをD次元特徴空間を使って表す。変数の値を推定する可能な規則は、$D+1$次元空間での曲線として表される。

われわれは、$D=1$となる非常に単純な例に触れ、単一の特徴を使って未知の変数を推定しようとした。既に論じたように、変数を推定するいかなる関数も、背景確率分布により決定される誤差を伴う。

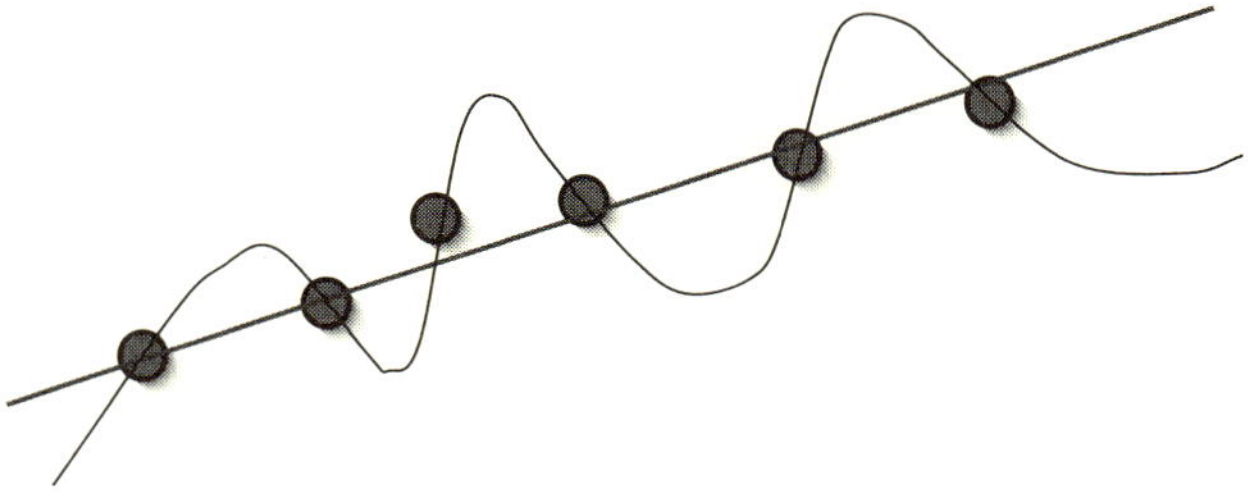

図3—2　カーブフィッテング

各データは平面上の点として表すことができ、ここでx座標は観察可能な特徴の値を表し、y座標はその観察された特徴に対してデータが与える変数値を表す。曲線をデータにあてはめることにより、特徴のその他の値に対する変数の値を推定することが課題である。

明らかに、無限多数の曲線が全てのデータ［点］を通る（図3—2）。よって、少なくとも二つの戦略があり得る。それらの曲線を、直線の集合のような、一定の集合Cに限定し、データに対する誤差が最小のC中の曲線を選ぶことができる。あるいは、Cにより多くの曲線を許容し、構造的リスク最小化のようなものを使い、データに対する経験的誤差の何らかの関数と曲線の複雑性とを最小化するように努めて、曲線を選択することもできる。

これらの曲線をイエス——高過ぎる——とノー——低過ぎる——との間の境界線として考えて、クラスCのVC次元により複雑性を測ることができるかもしれない。

例えば、一次方程式の場合のように、単純な枚挙的帰納を使って、曲線をデータ点にあてはめてもよいかもしれない。あるいは、構造的リスク最小化においてのように、データに対する経験的適合性を何か他のものに対してはかりにかけてもよいかもしれない。

8　グッドマンの新たな謎

経験的リスク最小化と構造的リスク最小化との区別は、一定の哲学的争点に光をあてる。一つには、それは、何人かの哲学者の、ネルソン・グッドマンの「帰納の新たな謎」（Goodman 1953）に対する異なる反応の仕方に光をあてるのである。

元の定式化のままでは、グッドマンの「新たな謎」は、標準的な統計的学習理論のパラダイムにはしっくりとはまらない。しかし、たしかにしっくりとはまるような、その再定式化は存在する。

われわれは、元のバージョンを次のように定式化してもいいかもしれない。問題は、所与の対象が緑か否かを、それを最初に観察するときに予測することである。言い換えると、最初の観察の時点を表す単一の特徴が存在し、従って、特徴空間は一次元である。データは、この一次元特徴空間でのラベル付けされた点として存在しており、各ラベルは、「緑」か「緑でない」かのどちらかである。そのデータを使って、ラベルを特徴空間上の全ての点に割り当てる関数を選択したい。われわれの目標は、出てくる諸事例についての予測における期待誤差を最小化することである。

この問題のこのバージョンは、予測対象の新規事例としてデータが同じ確率分布から生じると仮定する、統計的学習理論の基本的パラダイムに適合しない。グッドマンの問題のこの最初のバージョンでは、関係する特徴、すなわち、最初の観察時点が、ランダムに分布していない。なぜなら、現在より後の時点で最初に調べられた対象にデータがラベルを割り当てる可能性はないからである。

しかし、データ及び新規事例において同じランダム分布を持つと仮定できるような、対象の何らかの性質――例えば対象の重量あるいは質量――として、関係する特徴をとらえることによって、その問題は容易に修正できる。そうすると、測定された質量の値と、「緑」／「緑でない」というラベルとの一定の組み合わせというのが、データのあり方になる。やはり、そのデータを使って、質量の全ての可能な値に対してラベルを割り当てる関数を選択したいが、ここでのわれわれの目標も、出てくる諸事例についての予測における期待誤差を最小化することである。

C中の仮説に対する制限なしに枚挙的帰納を使いたいとしよう。もちろん、全てのデータ点が「緑」とラベル付けされ、「緑でない」とラベル付けされているものがないとしたら、全ての点は「緑」とラベル付けされるべしという仮説を採用したくなるだろうと思われる。なぜなら、その仮説には、データに対して誤りがないからである。これによって、われわれは、次の対象は、その質量が何であろうと、「緑」と正しくラベル付けされるだろうと、予測することになる。しかしながら、グッドマンの元々の謎の定式化での彼の論点をこれに合わせて言えば、データに正しく適合するが、新規対象について異なる予測を与える他の仮説が存在する。例えば、全ての現実のデータ点に「緑」を割り当て、その他の点全てに「緑でない」を割り当てるとする仮説は常に可能である。よって、枚挙的帰納の規則は、関係する特徴の値がいかなるデータ点とも異なるような事例について有用な助言を与えない。

ここからグッドマンは、枚挙的帰納が全ての可能な仮説を同等に扱うことを認めるわけにはいかないと結論する。われわれの用語で言うと、Cに制限がなければならないということである。さらに、グッドマンは、具体例によって「確証」される仮説から成る、独特な仮説のクラスCがあると仮定する。そうすると、「帰納の新たな謎」は、関係する仮説クラスC――確証可能なまたは法則的な仮説――をどう特徴付けるかという問題となる。グッドマンはこの問題に対する解答を次のようにして提示しようとする。(a)これらの述語が過去において予測を的中させるのに使われてきた程度によって「投射可能な」述語のクラスを特徴付ける。(b)仮説を表現する述語の投射可能性によって仮説の確証可能性を説明する原理を与える。

グッドマンは、投射可能な述語は、われわれが単一の語を持っている述語とは同一視され得ないと主張するが、単一の語とは、例えば、「質量が15, 24, 33, … であれば緑でそれ以外は緑でない」というのに対比すると、「緑」のような語のことである。なぜなら、前者のような述語については、「グルー」という単一の語を使うことができるからである。彼は、投射可能な述語は、「緑」のような、直接的な観察述語とは同一視され得ないと主張する。なぜなら、何かが「グルー」であるかどうか直接観察できる機会を想定することができるからである。グッドマン自身は、投射可能な述語は、これらの述語が過去において予測を的中させるのに使われてきた程度によって特徴付けられ得ると示唆している。

統計的学習理論は大いに異なるアプローチをとる。それは、この「帰納の新たな謎」を解こうとはしない。本当に投射可能な述語をそうでないものから区別しようとはしないし、本当に例に基づいて確証可能な仮説をそうでないものから区別しようとはしない。

もちろん、帰納には、諸仮説の間での帰納バイアスが必要であるという教訓を、統計的学習理論は確かに認めている。しかし、同理論は、確証可能な仮説の独特なクラスCを規定しようとは試みない。枚挙的帰納の場合には、統計的学習理論が述べることは、考慮対象の仮説の集合CのＶＣ次元が有限でなければならないということのみである。構造的リスク最小化の場合には、統計的学習理論は、考慮されている仮説の集合に対して一定の構造を要求する。統計的学習理論は、どの特定の仮説が集合Cに含まれるべきかも、構造的リスク最小化に必要な構造のどこで特定の仮説が現れるのかも規定しようとは試みない。

グッドマンの謎は、哲学者による広範な議論の対象となってきた（そのいくつかはStalker 1994及びElgin 1997に収められている）。多くの論者が、新たな帰納の謎に対する解答には、投射可能な仮説の何らかの適切なクラスを指定することが必要だと想定している一方で、そのように考えずに、必要なのは「投射可能性の程度」の説明であると主張してきた者もいる。例えば、直観的により単純な仮説の方が直観的により複雑な仮説よりも投射可能性が高いとみなされるといった説明である。

この謎のこれらの二つの解釈についてのひとつの考察は次のようになる。帰納を投射可能な仮説という特殊なクラスに制限することを強調しているゆえに、第一の解釈では、帰納を経験的リスク最小化として考えられた枚挙的帰納と同一視することになる。これには、有限なVC次元の規則クラスの規則のみを考慮することの諸々の利点と弊害とがある。第二の解釈は、投射可能性の程度を強調するゆえに、VC次元が無限である規則クラスの規則を考慮することを可能にする。第二の解釈がこうすることができるのは、単純な枚挙的帰納を放棄して、構造的リスク最小化やその他の何らかの対象データ範囲を単純性または投射可能性に対してはかりにかける方法をとるからである。

グッドマンの新たな謎について論じる哲学者たちは、帰納の新たな謎にアプローチするこれらの二つの方法が異なる種類の帰納的方法——一方は経験的リスク最小化であり、他方は、データへの適合性を何か他のものに対してはかりにかける方法である——を伴うということを十分には理解していなかった。

統計的学習理論における帰納的推論の分析について哲学的に有用な一つのことは、グッドマンの新たな謎のこれらの二つの解釈の違いに対する光の当て方にあるのである。

9　ポパーの単純性についての議論

さて、ポパー（Popper 1934, 1979）の科学的方法についての議論についてもう少し述べたい。いかなる種類の帰納的推論に対しても正当化は存在しないとポパーが主張していると前に述べたが、彼も正当化された科学的方法が存在すると考えてはいた。

とりわけ、構造的リスク最小化のあるバージョンが実際の科学的方法を最もよく捉えていると彼は主張している（とはいえ、もちろん、彼は「構造的リスク最小化」という用語を使ってはいないが）。彼の見方では、科学者は仮説の諸クラス間の一定の順序関係、すなわち、クラスの特定の要素を取り出すことを可能にするために指定する必要がある媒介変数の数に基づいた順序付けを、受け入れている。そういうわけで、例えば、一つの特徴に基づく実数変数推定について言えば、$y=ax+b$ なる線形仮説には、二つの媒介変数――a と b――があり、$y=ax^2+bx+c$ なる二次形式の仮説には、三つの媒介変数――a、b、c――があり、等々となる。よって、線形仮説は二次形式の仮説の前に順序付けられる、等々となるのである。

ポパーは、この順序関係を、次のような意味で、「反証可能性」に基づくものとして捉えている。問題となる関数が線形関数であるという主張を「反証する」には、少なくとも三つのデータ点が必要であり、問題となる関数が二次関数であるという主張を「反証」するには、少なくとも四つのデータ点が必要であり、等々ということである。

第二章で説明したように、ポパーのいくぶん誤解を招く用語では、データは、仮説と矛盾することで、それを「反証し」、その結果、その仮説には、データに対する実証的な経験的誤りがあることになる。しかしながら、彼は次のことは認識している。現実のデータは仮説が偽であることを示さない。なぜなら、データ自体にノイズが多いかもしれず、よって厳密に言って正しいわけではないかもしれないからである。

ポパーは、媒介変数の数に基づく仮説の諸クラス間の順序関係は、この語のある重要な意味での「単純性」による順序関係であると捉える。よって、科学者たちは対象データ範囲を単純性に対してはかりにかけると彼はみなすが、ここで単純性は「反証可能性」で測られる（Popper 1934, 43節）。

ここではいくつかの主張を区別することができる。

(1)　仮説の選択には、入れ子構造にある諸々の仮説クラスが順序付けされている必要がある。

(2)　この順序関係は、所与の仮説クラスの「反証可能性」の程度を表す。

(3)　特定の仮説を選び出すためにその値を指定する必要のある媒介変数の数に従って、諸クラスは順序付けられる。

(4)　その順序関係の下では、より単純な仮説はより複雑な仮説の前に置かれる。

主張(1)は、構造的リスク最小化の一部でもある。主張(2)は、構造的リスク最小化におけるＶＣ次元への依拠に類似している。但し、前記、第二章で記したように、ポパーの反証可能性の程度は、ＶＣ次元とは一致しない。すぐ後で見るように、主張(3)は不十分であり、ポパーの解釈に従うなら、それは(2)及び構造的リスク最小化とは相容れない。主張(4)は、せいぜい用語上の問題であり、端的に誤りかもしれない。

主張(3)が不十分であるのは、同じ仮説クラスを指定するのに、相異なる数の媒介変数を使う様々な方法があり得るからである。例えば、平面上の諸々の線形仮説は、二つではなく、四つの媒介変数を使って、$abx+cd$ の例として表されるかもしれない。また一方で、一対の実数 a、b を単一の実数 c としてコードし、a と b とが c から復元できるようにすることが可能であることに注意してほしい。すなわち、$f(a,b)=c$、ただし $f_1(c)=a$ かつ $f_2(c)=b$、という関数が存在するとするのである。[2] そのようなコーディングを前提として、一つの媒介変数 c のみを使って、線形仮説を $f_1(c)x+f_2(c)$ と表すことができる。実際、P 個の媒介変数を使って表し得る諸仮説のいかなるクラスについても、その同じ仮説クラスを、媒介変数を一つだけ使って表す別の方法が存在するのである。

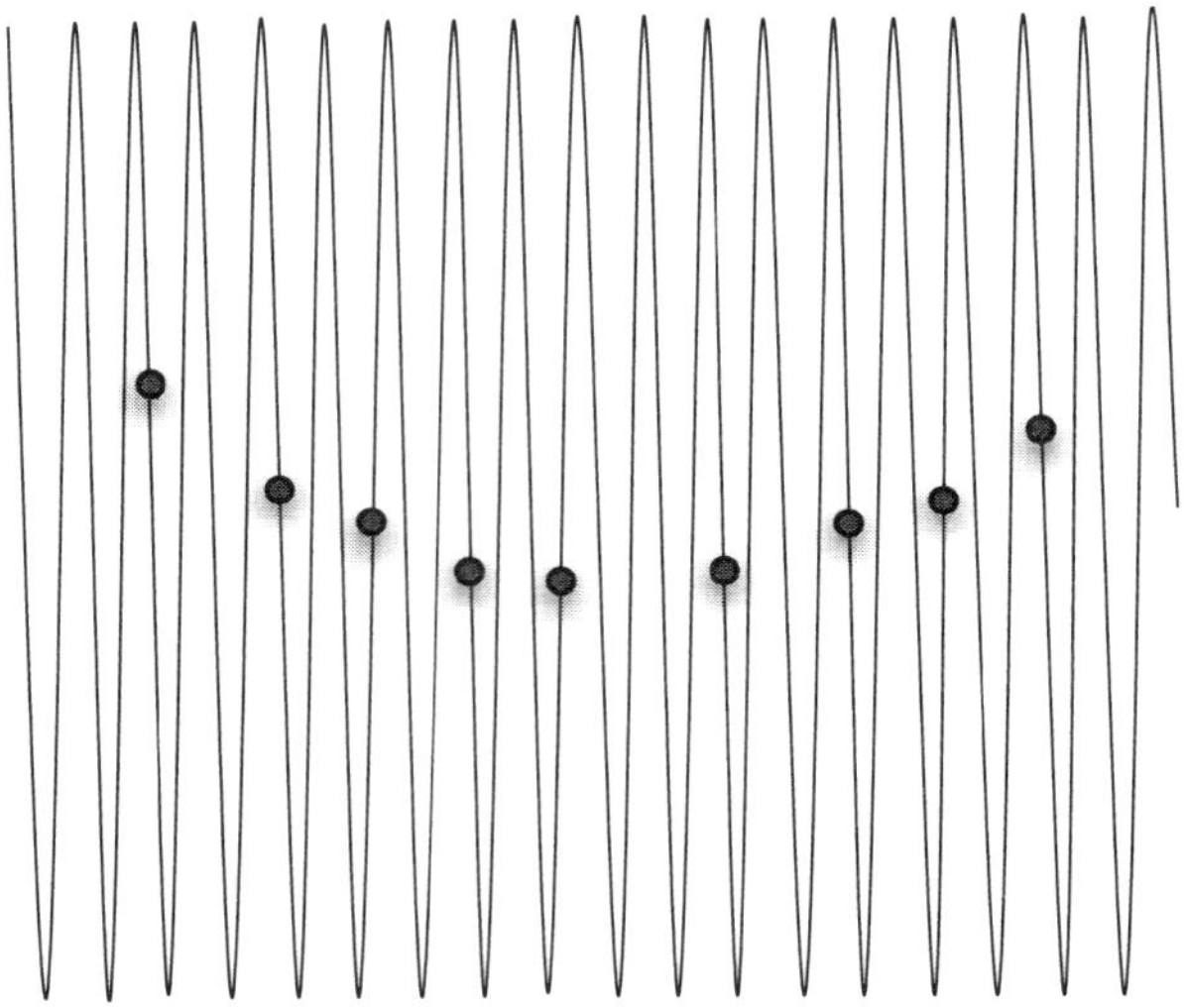

図 3—3　正弦曲線を使っての実数変数推定

ひょっとしたら、ポパーは、（媒介変数に関しての）何らかの通常のまたは優先される、仮説クラスの表し方に、主張(3)が適用されることを念頭に置いているのかもしれず、そうすると、上記のコーディング関数を使う表し方は考慮されない。しかし、通常の表し方を使うとしても、主張(3)は主張(2)及び構造的リスク最小化とは相容れない。

このことを理解するには、正弦曲線のクラス $y=a\sin(bx)$ について考えてほしい。n 個の無矛盾なデータ点集合（これは同じ x の値に対して異なる y の値を割り当てない）のほとんどあらゆるものについて、それらの点に任意に接近する正弦曲線が存在する（図3－3）。その意味で、正弦曲線のクラスには、ポパー的な意味での無限の「反証可能性」がある。正弦曲線集合の特定の要素を定めるのに二個の媒介変数しか指定する必要がないのにもかかわらず、ポパーが想定していた類の表わし方を使って、そのようなことになるのである。ポパー自身は、このことを認識しておらず、あきらかに、正弦曲線のクラスを、ここで関連する点に関しては相対的に単純なものとしてみなしている（Popper 1934, §44）。

データ点を「高過ぎる」または「高過ぎない」として分類する規則として正弦曲線を考えるならば、この曲線のクラスのVC次元が無限であるとみなすこともできる。なぜなら、いかなるNについても、正弦曲線のクラスにより粉砕されるN点集合が存在するからである。すなわち、その正弦曲線のクラスの要素は、2^N通りのN個の点の可能な分類を与えることができるのである。

正弦曲線のクラスのVC次元が無限であるという事実は、ポパー的な意味での無限の反証可能性と同様、次のことに対する証拠である。科学的仮説にとって適切な、仮説間の順序関係は、単純性による順序関係ではない。少なくとも正弦曲線が「単純」であるとされるのならば、そうである。

10　経験的に等価な規則

最後に、経験的に等価な仮説が統計的学習理論で常に同じように扱われなければならないかどうかについて考える。とりわけ、科学的仮説が経験的に等価な疑わしげな仮説と比較される場合については、どうなのだろうか。

二つの仮説HとGとが経験的に等価であるとしよう。例えば、Hが何らかの高く評価されている科学的仮説である場合に、Gがそれに対応する悪魔的仮説であるとしよう。つまり、強力な、神のような悪魔の手配によって、Hが真であるときに予期されるのと精確に同じデータが得られるようになっているという仮説である。統計的学習理論で分析されるような単純性によって、GよりもHを受け入れる理由が与えられ得るだろうか。

答えは「否」であると思われるかもしれない。というのも、統計的学習理論で与えられる類の分析は、期待誤差をいかにして最小化するかに関わり、これら二つの仮説は精確に同じ予測を出すからである。確かに、仮説をそれによる予測と同一視するならば、それらは同じ仮説である。

しかし、同じ予測を出す仮説が同一視されるべきであるかどうかは明白ではない。仮説が表示される仕方は、単純性評価の目的での分類による仮説クラスのどれにそれが属するのかを示唆する。表示の仕方が異なれば、クラスも異なることが示唆される。数学的に等価な仮説でさえも、統計的学習理論では異なる扱いを受けるかもしれない。線形仮説のクラス$f(x)=ax+b$は、様々な基準——媒介変数の数、VC次元等々——に基づいて、二次形式の仮説のクラス$f(x)=ax^2+bx+c$よりも単純である。二次形式の仮説の最初の媒介変数が0であるなら、その仮説は数学的には線形仮説と等価である。しかし、その線形表示は、その二次形式表示よりも単純なクラスに属する。よって、規則選択の目的上、線形表示を二次形式表示よりも単純であるとみなす理由は存在するのである。

同様に、HとGとが、同じ予測を出すとはいえ、それらが同じ仮説クラスには含まれないとするのは一理ある。Hは、Gよりも、単純性の点で上位に位置付けられるクラスに属すると言えるかもしれず、その理由としては、ひょっとしたら、Hを含むクラスのVC次元はGを含むクラスのVC次元よりも低いということがあるかもしれない。関連するクラスでGを含むものは、次のような形式のいかなる仮説をも含むかもしれない。「データが、あたかもϕが真であるとした場合に予期されるのと精確に同じものとなる」（ϕの範囲は、全ての可能な科学的仮説）。ϕのVC次元は無限である以上、Gを含むこのクラスのVC次元も無限である。この観点から見ると、HとGとが経験的に等価であっても、Gに対してHを優先する理由はない。

よって、実際のところ、われわれはマトリックス（Wachowski and Wachowski 1999）で暮らしているのではないと考える理由があるかもしれないのである！

11　統計的学習理論からの重要なアイデア

今まで検討してきた統計的学習理論からの考え方の中で、哲学的及び方法論的に重要であるとわれわれが考えるものは、次のようなものである。

統計的学習理論は、期待費用あるいは期待誤差の観点から分類規則の信頼性について考える方法を提供してくれ、そこでは、統計的な背景確率分布が前提されている。

分類規則に関しては、最も信頼できる規則、つまり期待誤差あるいは期待費用が最小となる規則である、ベイズルールの概念が存在する。

ある帰納的方法がどれだけよいかは、その方法が見つけ出す分類規則の信頼性によって測られるとされる。

帰納的方法が有用であるためには、C中の規則の制約に反映されているものとしての、またはCの一部の規則を他よりも優先することとしての、何らかの帰納バイアスが必要である。

反証可能性の概念の一種を捉えるものとしての粉砕という考え方及びそれに対応する概念であるＶＣ次元が存在する。

誤り率の一様収束と普遍的一致性との対照的関係も存在する。

次章では、さらに、統計的学習理論からのいくつかの考え方を検討し、哲学にとってだけでなく、心理学及び認知科学にとっての、その意義について考える。

12 総括

本章では、枚挙的帰納を、仮説の何らかの順序付けをも考慮に入れる方法と比較した。われわれは、これらの方法が、分類及び実数変数推定、すなわちカーブフィッティング、にどのように適用されるかを論じた。また、対象データ範囲を、単純性又は何らかのその代替物による仮説間の順序関係に対してはかりにかける二つの異なる方法を比較した。帰納的方法のこれら二つの種類に対応して、グッドマン (Goodman 1965) の帰納の新たな謎に応答する二つの方法があることをわれわれは指摘した。科学の方法についてのカール・ポパーの考え方のいくつかについてもわれわれは論じ、これらの考え方について、正しい点と間違っている点とを区別することを試みた。最後に、われわれは、単純性又は何らかの類似の順序関係に訴えることにより、一つの仮説をそれと経験的に等価な別の疑わしげな仮説に対して優先する、筋の通った方法がいかに与えられるかについて検討した。

第四章　ニューラルネットワーク、サポートベクターマシン、トランスダクション

1　序

本書のこれまでの三章でわれわれは、経験的データに基づいて一般的分類規則に到達するような帰納の方法を検討した。われわれは枚挙的帰納を、最近傍法による帰納や、経験的リスクを仮説間の何らかの種類の順序関係に対してはかりにかける帰納の方法（仮説クラスがそのＶＣ次元により順序付けられる構造的リスク最小化を含む）と対照させた。そして、これらの方法についての諸結果を、ネルソン・グッドマン及びカール・ポパーによる哲学的議論と比較した。

この最終章では、統計的学習理論の機械学習へのいくつかの応用について手短に略述するが、こ

れには、パーセプトロン、フィードフォワードニューラルネットや、サポートベクターマシンが含まれる。われわれは、サポートベクターマシンが人間の範疇分類についての有用な心理学的モデルを提供し得るかどうかを検討する。「トランスダクション」についての最近の研究についても述べる。帰納では、ラベル付けされたデータを使って、分類規則が見つけ出されるが、トランスダクションでも、一定のラベル付けされていない新規事例が出てきたという情報が使われる。

トランスダクションの理論は、人々の推論のひとつのありようについての新しいモデルを提案する。人々がトランスダクティブ推論を行うときがあるという仮説は、人々が矛盾している、または不合理であることを示すとして解釈されてきた一部の心理学的データに対する、可能な説明を与えてくれる。それはまた、一定の種類の「道徳的個別主義」に対しても、可能な説明を与えてくれるのである。

2　機械学習——パーセプトロン

分類規則は、一定の特徴空間上の各点に分類区分を割り当てる。二つの可能な値——イエスとノー——による分類という最も単純な事例を、特に検討してみよう。この分類は、1または0の出力によって表してよいであろう。

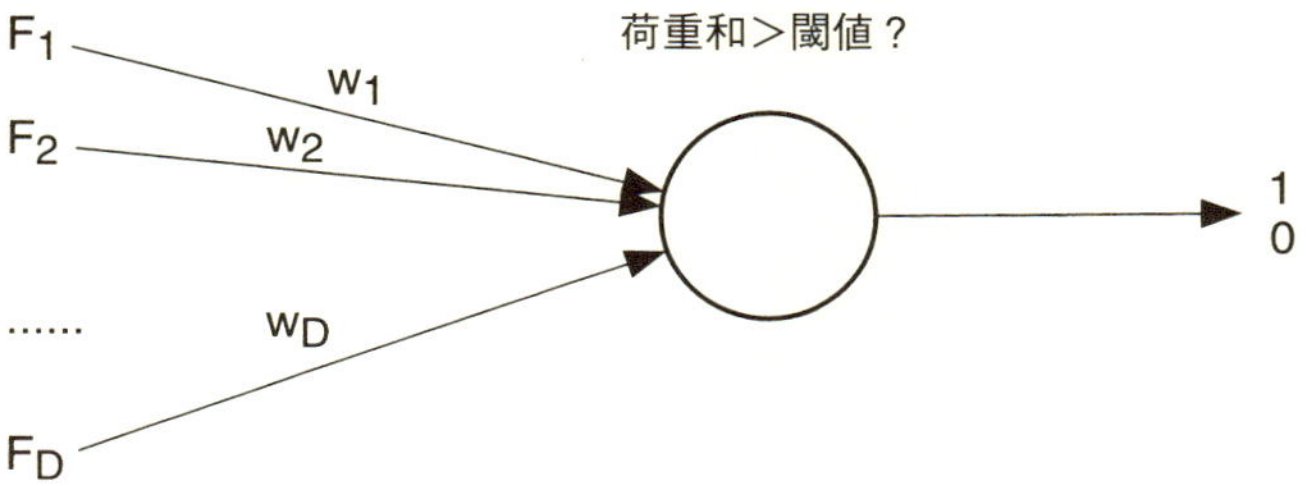

図4―1　パーセプトロン

学習機械は、分類規則を実装するのにデータを使う。学習機械の中には、おおよそランダムに選ばれた分類規則から出発して、その後、データに照らしてそれを修正していくものもある。使用されるデータが、学習機械を「訓練」すると考えるのが適切なときもある。

パーセプトロン（図4―1）は、D個の入力ユニットを持つ学習機械であり、それぞれの入力ユニットが、対象が持ち得るD個の観察可能な特徴に対応している。パーセプトロンはその入力の荷重和を取り、この和が指定された閾値よりも大であれば1を出力し、そうでなければ0を出力する。

パーセプトロンによってどの特定の分類規則が実装されるかは、各入力ユニットとパーセプトロンとの結び付きの強さを示す一組の結合荷重により決定される。パーセプトロンの学習手順に、一つ単純なものがある。入力の結合荷重の変化を示唆するようにデータを使って、パーセプトロンが訓練されるのである。学習前は、入力に対する結合荷重には、（正または負の）ランダムな値が割り当てられている。各データについて、その諸特徴の値がパーセプトロンに入力される。パーセプトロンがデータの正しい分類を出力する場合には、入力層の結合荷重には変更はなされない。パーセプトロンが間違った分類を出力する場合には、入力の荷重和を望まれる値により近くするような特定の仕方で、入力層の結合荷重が微小に変更される。この手順は、必要に応じて何度でもデータを入力することにより繰り返すことができる。

何らかのパーセプトロンによってデータが全て正しく分類されれば、パーセプトロンのこの学習手順によって、入力の結合荷重の集まりは、パーセプトロンが全てのデータを正しく分類することを可能にするようなものへと最終的に至るであろう。一旦データが正しく分類されれば、荷重は固定され、パーセプトロンは新規事例を分類するのに使われる。

「何らかのパーセプトロンによってデータが全て正しく分類されれば」という限定は、この結果に著しい制限を課すものである。なぜなら、容易に分かることだが、パーセプトロンは線形分離可能な分類しか表し得ないからである。任意の所与のパーセプトロンは、入力が以下の条件を満たすときに、かつそのときに限り、イエスを出力する。F_iが特徴の値を表すとして、w_iがそれらの入力の結合荷重を表すとして、Tが閾値を表すとすると、

$$w_1F_1+w_2F_2+\cdots+w_DF_D>T$$

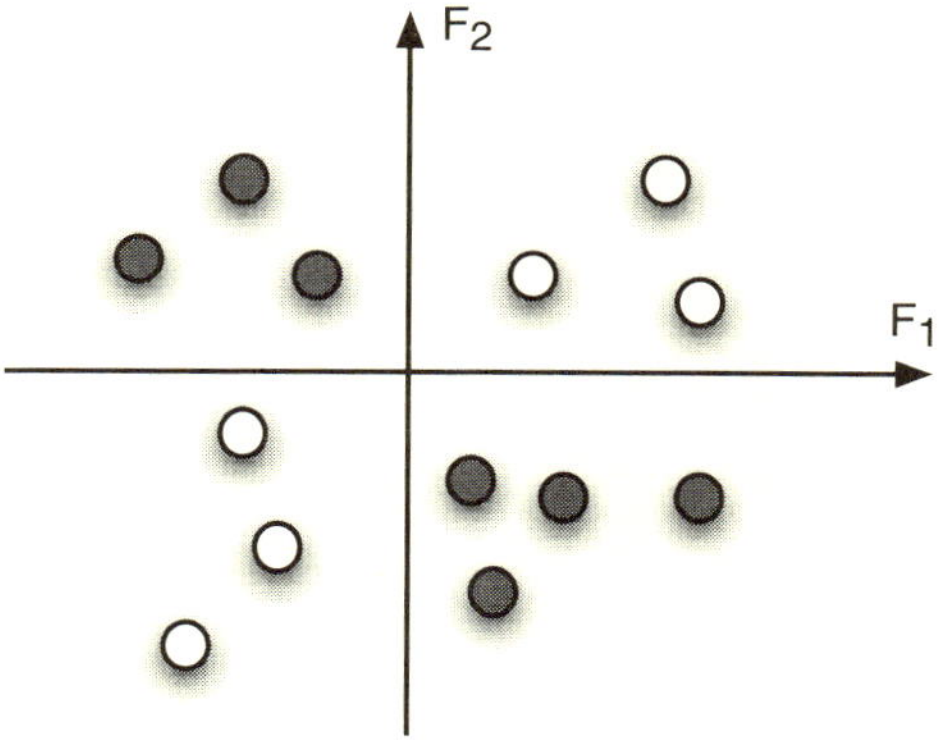

図4－2　F_1とF_2とのXOR

イエスとノーとを分離する方程式は、単純に「＞」を「＝」に変えて表せる。

$$w_1F_1+w_2F_2+\cdots+w_DF_D=T$$

これは、D変数の線型方程式であり、D次元特徴空間上で超平面を表す。

線形分離可能な分類は非常に限定されており、例えば、XOR分類（図4－2）を表せないということを思い出してほしい。入力がF_1とF_2の二つであるXOR分類では、$F_1F_2 \leqq 0$ならばイエスまたは1が示され、$F_1F_2>0$ならばノーまたは0が示される。パーセプトロン分類器は、XOR分類器の役目は果たさない。なぜなら、この場合のイエスの領域は、直線によってノーの領域から分離され得ないからである。

もちろん、XOR分類を正しく表すパーセプトロンは存在し得ない以上、データを使って、XOR分類を表すようにパーセプトロン分類器を訓練することはできない。

パーセプトロン分類器により表される諸規則のVC次元は$D+1$——Dは特徴空間の次元数（すなわち、同空間上の点として表される値を持つ特徴の数）——であることを思い出してもらいたい。これは、有限な数であり、よって第二章で触れた学習に関する強力な結果があてはまる。つまり、最上の線形規則の誤り率の一定の近似範囲内にその誤り率が収まる確率がかくかくであるような規則を見つけるのにどれだけデータが必要かを示すような、ある規定可能な関数が存在するのである。他方、線形分類器には、非常に限定された表現力しかない。

3　フィードフォワードニューラルネット

フィードフォワードニューラルネットは、パーセプトロンの層をいくつか組み合わせることで、表現力の制約の問題に対処するが、先の層からの出力が後のパーセプトロン層への入力の役目を果たすのである（図4－3）。

いかなる分類規則についても、どれほどの精度が求められていても、その規則を近似するような三層パーセプトロンのネットワークが存在する。ただし、各層あたりのノードが十分な数だけある

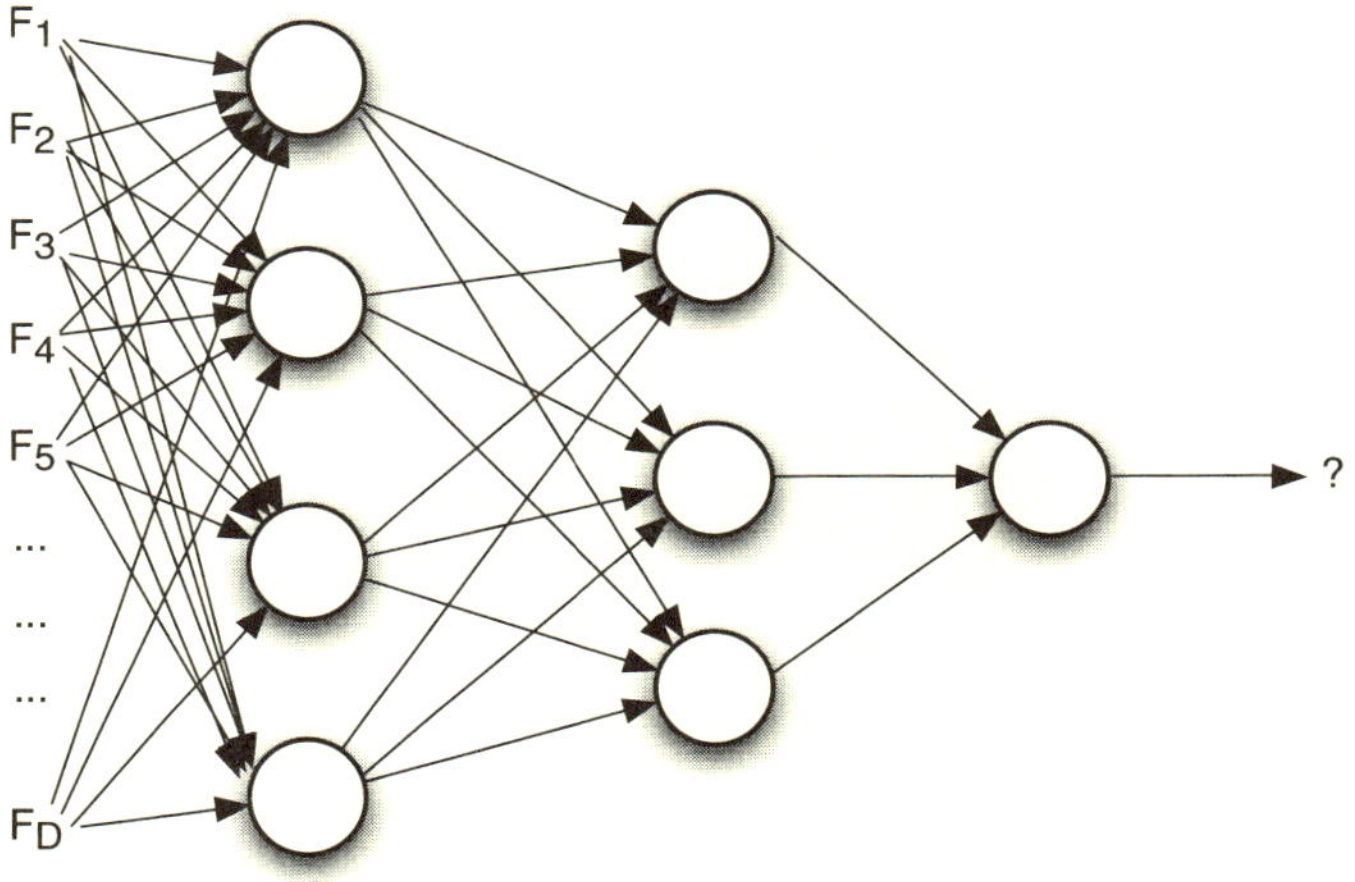

図 4―3　フィードフォワードニューラルネット

ことを条件として。

　こうであることを理解するには、いかなる分類規則も、イエス（または1）として分類されるべき特徴空間上の点の規定に等価であることを思い出してほしい。それらの点はその特徴空間の（凸の）超立体の何らかの集合の和集合に含まれる。そのような超立体はそれぞれ、超平面を面とする（凸）立体により近似され得る（図4－4）。超平面による分類のそれぞれを捉えるのには、異なるパーセプトロンを使うことができる（図4－5）。その場合、これらのパーセプトロンの出力は、下流のANDパーセプトロン（その入力の全てが1のときかつそのときに限り1を出力して超立体を捉える）に送られ得る。同じことがその他の超立体のそれぞれについて行われる。そして、それらの出力は最終層のORパーセプトロン（その入力の

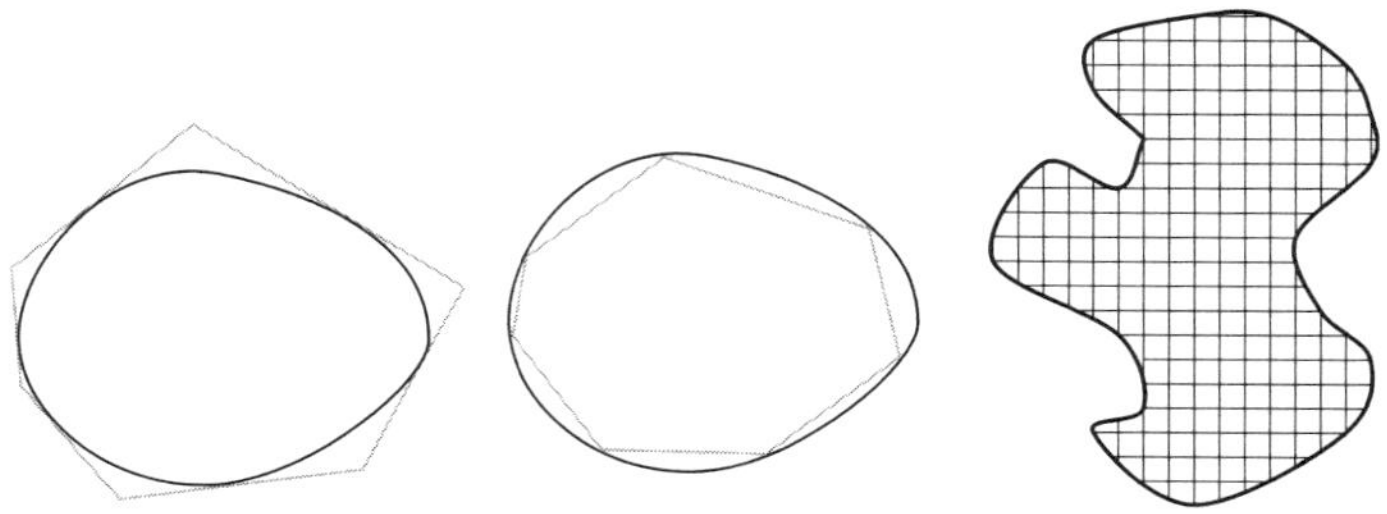

図 4—4　凸の超立体を近似する

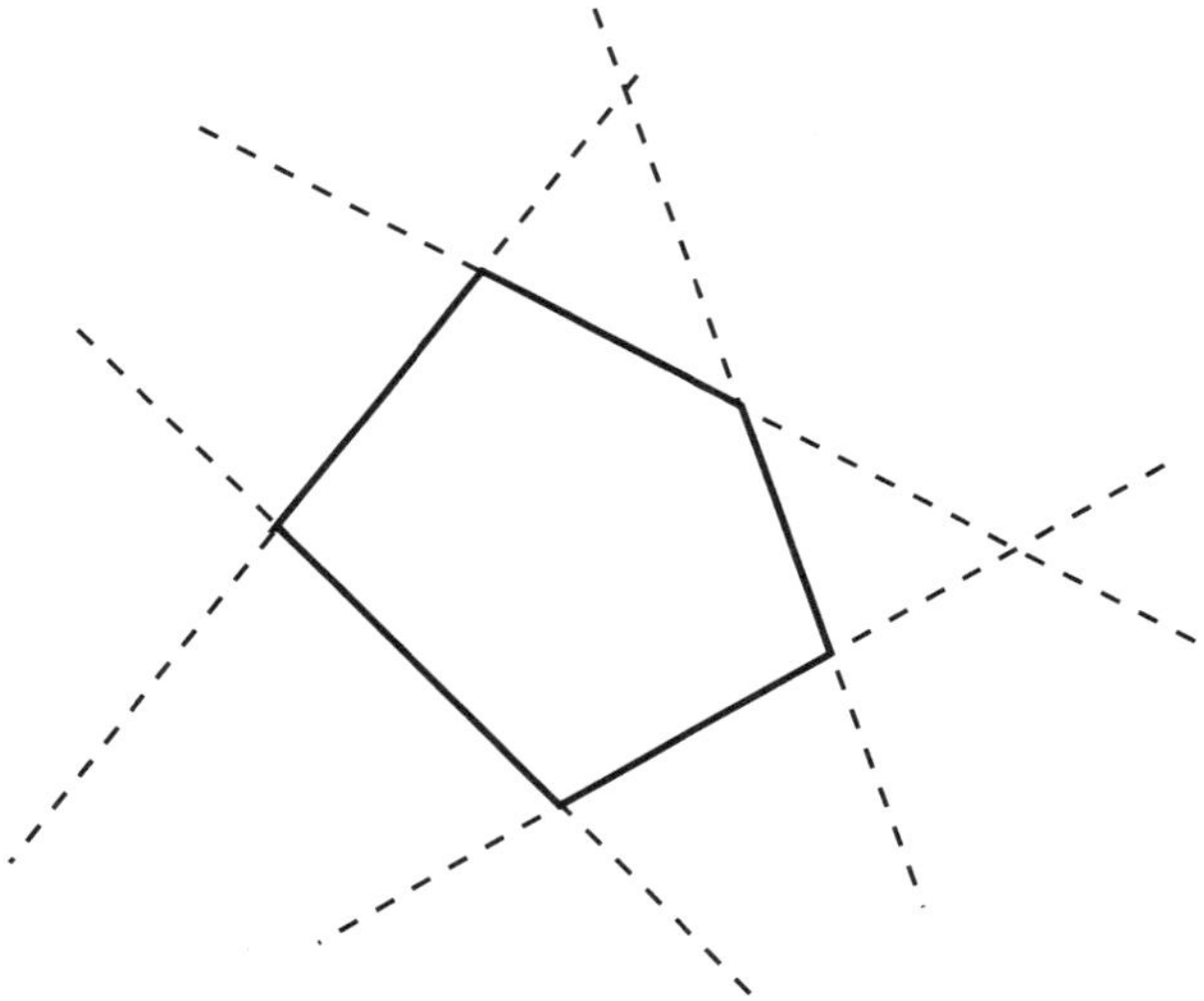

図 4—5　半空間の交わり

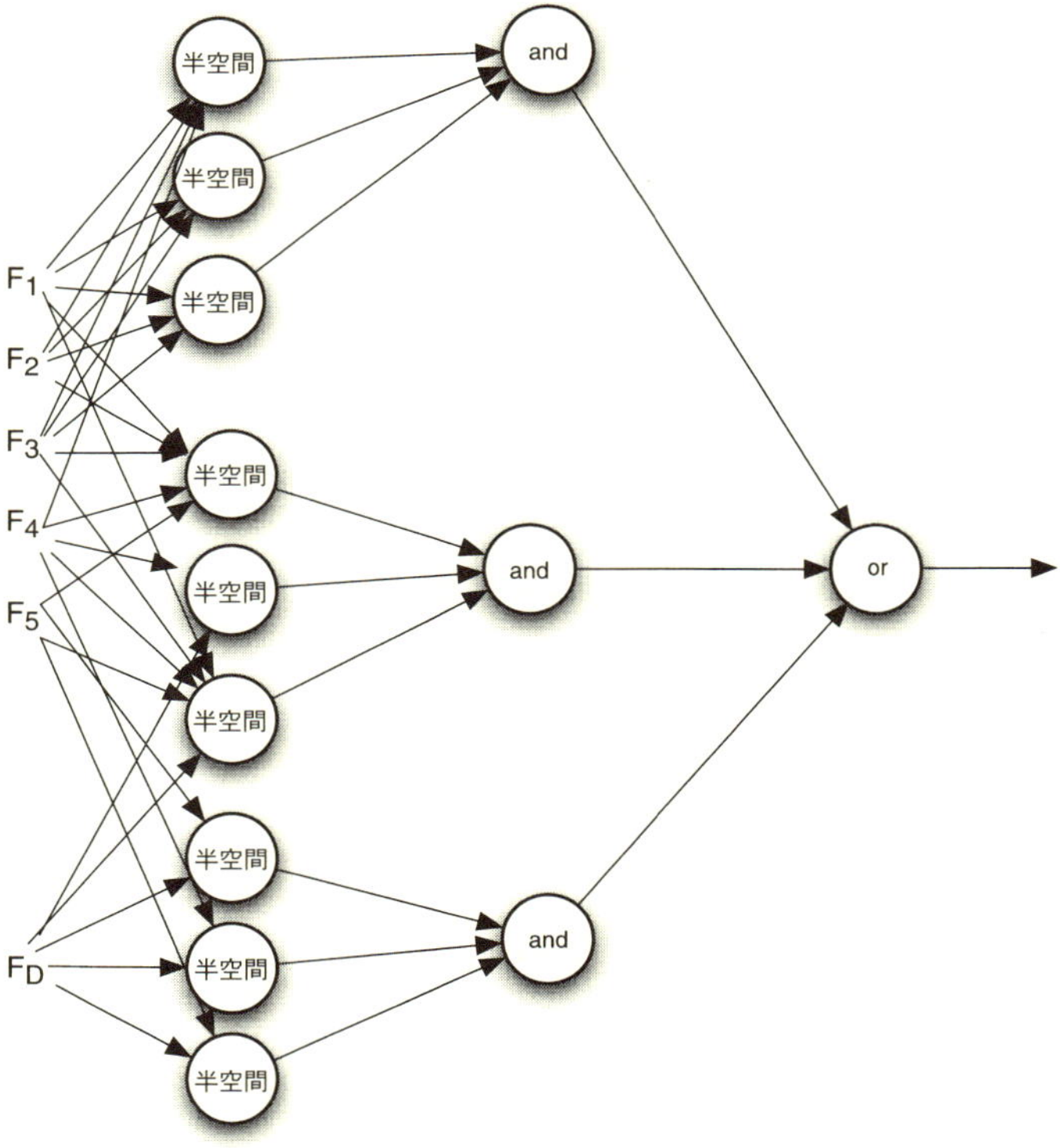

図 4−6　交わりの和集合をとる

いずれかが1のときかつそのときに限り1を出力する）に送られる（図4－6）。そうして、システム全体が意図された分類規則を近似する。

パーセプトロンはその入力の荷重和が一定の閾値を超えるときにかつそのときに限り1を出力するとわれわれは想定してきた。これは、入力の荷重和のわずかな変化によって、パーセプトロンが出力するものの劇的な変化が生じかねないという意味で、鋭い閾値である。パーセプトロンのフィードフォワードニューラルネットを使う学習については、パーセプトロンの鋭い閾値をより連続的な（S字形の）閾値で置き換えるのが有用である。（このとき、0／1分類を得るために、最終出力については、鋭い閾値が使われる。）そうすると、例えば、誤差のバックプロパゲーションを使う学習規則が実践では機能することが多い。これについてはここではこれ以上説明しない。その代わりに、表現力の制限の問題に対する異なる対応をみる。

4　サポートベクターマシン

サポートベクターマシン（ＳＶＭ）は、パーセプトロンの制限に対するまた別の応答を提供する（Vapnik 1998, 第二部; Vapnik 2000, pp. 139 以降, Hastie et al. 2001, pp. 371-389）。ネットワークにさらに層を追加する代わりに、ＳＶＭはまず、もとの空間においてよりも線形分離に近い仕方でデータを分離できるような、より高次元の空間へデータを写像する。よって、例えば、XOR問題では、$F_3=F_1F_2$としてF_1、F_2の各点がF_1、F_2、F_3へ写像されるように、データは、三次元空間へ写像される。変換されたデータ点は、その三次元空間上で、$F_3=0$においてF_3軸に垂直な平面によって、つまりF_1軸とF_2軸とにより定義される平面によって、線形分離される。というのも、イエスと分類される対象は、その平面の下にあり、ノーと分類される対象はその上にあるからである（図4－7）。

実際には、通常、多くの異なる超平面が、変換された高次元空間上でデータを分離する。分離超平面が占める空間に接するデータ点は、「サポートベクター」と呼ばれる。

SVMの一つのアプローチでは、データを最大に分離する（これは「サポートベクター」の集合からの距離に基づく）超平面が、イエスをノーから分離するのに使われる。そして、その選ばれた最大分離超平面の方程式を使って、もとの特徴空間での対応する方程式を見つけ、その空間上でイエスをノーから分離することができるのである。

XORの例では、変換された空間で選ばれた規則が、イエスと分類されるものは$F_3<0$となる点であるというものならば、もとの空間からの変換が$F_3=F_1F_2$となるよう設定されていることを思い起こすと、イエスと分類されるのは、$F_1F_2<0$であるような点であるという結果を得る。

サポートベクターマシンが異なれば、もとの特徴空間から高次元空間への異なる写像が使われる。

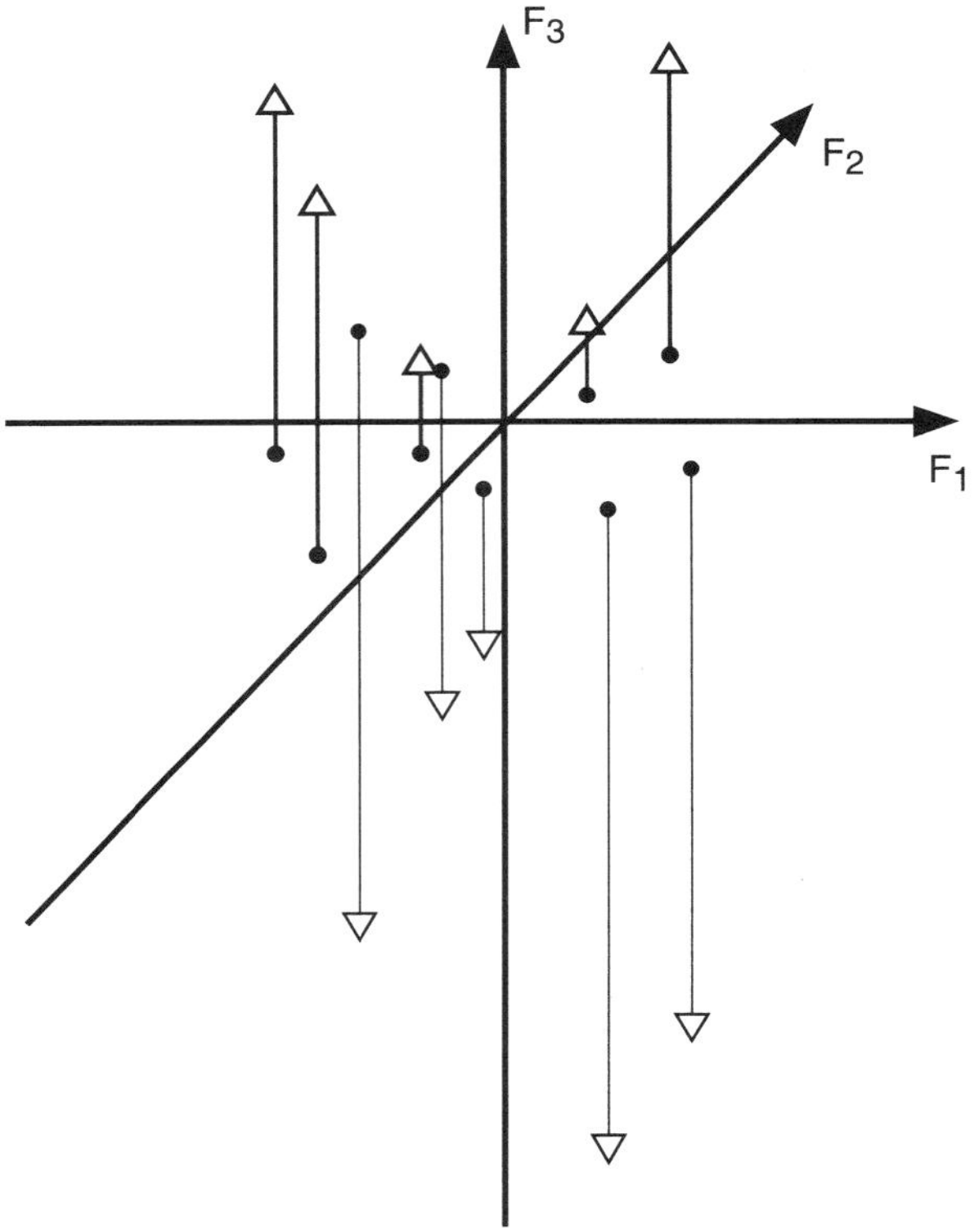

図 4—7　二次元の XOR を三次元に写像する

矢印は、F_1F_2 平面上の点が三次元空間でどこに写像されるかを示す。

高次な方の空間には、もとの特徴全てに対応する次元と、特徴同士やそれ自身の様々な積を表す次元とが、通常含まれるであろう。例えば、F_1とF_2という二つの特徴だけから出発して、$F_3=F_1F_2$、$F_4=F_1^2$、$F_5=F_1^2F_2$という三つのその他の特徴が存在し得る。その場合、高次な方の空間での線形分離は、もとの特徴空間での代数的規則に対応することになる。いかなるそのようなサポートベクターマシンにより表される規則のVC次元も有限なものとなろう。なぜなら、有限次元空間での線形分離のVC次元は有限だからである。

もとの特徴のべき乗の全ての可能な積に対応する次元を持つ無限次元空間へともとの特徴空間を写像するサポートベクターマシンを想定することは可能である。その結果として、あらゆる代数的規則が、その無限次元空間で線形分離によって表される。

もちろん、無限次元空間における線形分離のVC次元は無限である。しかし、関心の対象である事例が全て有限半径の超球に限定され、一定の厚さすなわち「マージン」を持つハイパースラブによって分離され得るのなら、関連するVC的次元は有限である（Vapnik 2000, pp. 132-133）。

フィードフォワードニューラルネットは、もとの特徴空間をデータが線形分離される別の空間へと写像するという考え方の特別な事例としてみなし得る。ネットワークの入力に近い方の部分が、もとの特徴空間を、最終ユニットによって線形分離される別の空間へと写像するというわけである（Vapnik 2000, p. 3）。

5　心理学とサポートベクター

サポートベクターマシンは、そのサポートベクターによって範疇を表すのであり、サポートベクターが範疇の境界を決定する。人間の範疇分類がどの程度それに類似した表象を使うのかは、考察してみると興味深いものである。

例えば、典型的な犬や典型的な鳥といった、典型的な中心的標本によって、人々が範疇を表象することを示す証拠はかなりあるが、これは、サポートベクターマシンが使う類の表象とは相当異なるものだと思われる。

しかし、「範疇的知覚」の研究によって、人々は確かに範疇の境界にも敏感であるという証拠が出てきている。異なる範疇に属する対象間の違いは、同じ範疇の対象間の違いよりも大きいように思われるのである。ハーナッド（Harnad 1987）は、このことを次のように説明している。

［範疇的知覚］の例には、色カテゴリーに細別されている色スペクトル、あるいは/ba/、/da/、/ga/という破裂音カテゴリーに細分されている第二フォルマント遷移と呼ばれる音響連続体がある。両方の場合において、刺激の物理的差異は、それらの刺激が同じカテゴリーに属するか、

異なるカテゴリーに属するかに応じて、同じ大きさでも、大きくまたは小さく知覚される。まさしく、その効果は量的なものであるだけではなく、質的なものでもある。色合いが異なる一対の緑色はある色合いの黄色（これと一方の緑色との波長上の違いは、他方の緑色とその緑色との違いと大して変わらないかもしれない）よりも、お互い似ているように見えるが、この違いは質の違いである。同じことは、/ba/および/da/についてもあてはまる。

言い換えると、人々は確かに、ときには、範疇の中心的標本だけではなく、その周縁にも関係のある区別をするのである。このことが、範疇の表象は一種のＳＶＭ表現であるという仮説により予測されるのである。

この時点で、われわれは曖昧で移動する可能性のある境界についての諸争点（Fara 2000）に関わりつつある。われわれは精確には何を表象しているのだろうか。概念の周縁を表象しているのではない。もしそうだとしたら、曖昧さはないだろうからである。われわれは当該の概念が適用されるとみなす一定の境界事例を表象し、かつ、ひょっとしたら、それが適用されないとみなしている他の事例をも表象するのである。

6　トランスダクション

いままでわれわれが考えてきた帰納的学習法は全て、ラベル付けされたデータを使って規則を見つけ、そしてその規則を使って、新規事例が出てくるに応じてそれを分類するものである。さらに、これらの方法は全て、分類全体を学習するものでもある。最近傍法、パーセプトロン、多層フィードフォワードニューラルネット、および標準的ＳＶＭは全て、あらゆる可能な特徴集合に分類を割り当てる規則を生み出すのである。

これらの方法のいくつかを修正して、部分的な分類のみを与えるようにすることはできる。例えば、サポートベクター間の空間上の様々な分離超平面を選ばないように、ＳＶＭを修正することができる。この中間領域の空間上の点は分類されないままとなるだろう。このシステムは、それでも帰納的方法である。というのも、ラベル付けされたデータから導き出された規則に従って一部の、ひょっとしたら多くの、新規事例を分類するだろうからである。しかし、その規則は全体的な規則ではなくなるだろう。というのも、中間領域の空間上の点を特徴付けないだろうからである。

このようにして諸事例の部分的分類のみを与える方法をわれわれが使っていて、複数のサポートベクターの間にある空間上で、分類されるべき事例が生じたとしよう。そのような新規事例を分類する一定のトランスダクティブな方法を、ヴァプニク（Vapnik 1979, 1998, 2000）は検討している。これは、どんな新規事例が分類対象として現れたかについての情報を使い、そして、分離の部分集合の中で(a)データを正しく分類し、(b)新規事例の分類について一致するものを選択する方法である。あるバージョンでは、選択される分離は、(c)その他の可能な事例の分類については可能な限り一致しないとされている。

トランスダクションの重要な関連バージョンの一つは、一定の新規事例が分類対象として現れているという情報のみならず、分類するのが困難である例からなる一定の集合U（「宇宙［universum］」）が存在するという情報をも使う。このバージョンでは、(a)と(b)とを満たすが、U中の難しい事例の分類については可能な限り一致しない線形分離の部分集合が、トランスダクションによって選択される。

データが相対的に少ない高次元特徴空間が関わるような、一定の難しい現実生活の状況では、トランスダクションは他の方法よりもかなりうまく機能する（Joachims 1999; Weston et al. 2003; Goutte et al. 2004）。

7　トランスダクションと帰納

最初に推論により帰納的一般化を行い、そしてそれを使って分類するということは、トランスダクションでは行われないとヴァプニクは言う（Vapnik 2000, p. 293）。他方、ハーマン（Harman 1965, 1967）は、いかなるそのような推論も、最良の説明への推論の特殊例として常に扱われるべきであると論じているが、この最良の説明への推論では、関係する種類の説明は一般化に訴えるのである。ここには、一見すると対立があるようだが、分析してみると、その対立は用語上のものであると思われる。

トランスダクションは、われわれが論じてきたその他の帰納的方法と次の点で異なる――新規事例の分類が、ラベル付けされたデータからの帰納的一般化に常に基づいているわけではない。よって、トランスダクションは、その類の帰納的一般化を伴わない。それはなぜかというと、一定の新規事例が評価対象として現れているという情報をトランスダクションは利用するからである。

他方、トランスダクションでは、非全体的な一般化Pが、確かに暗黙裡に容認されており、Pは、変換された高次元空間上の分離の選択された部分集合に対応する。よって、トランスダクションは、広義の帰納的一般化を確かに伴うのである。ラベル付けされたデータだけからの帰納的一般化は伴わないとしても。

どんな新規事例が現れているかということはデータに含まれているものの、トランスダクションがこれらの新規事例に与える分類はデータとして扱われないというのは、事実である。追加の新規事例が生じると、旧事例プラス新規事例に適用されるトランスダクションにより分類が修正され得る。したがって、新規事例を受け入れることから導き出される原理Pは、ラベル付けされたデータからの帰納的一般化とは違ったかたちで、新規事例に左右されると言えるかもしれない。しかし、トランスダクションでは、一定の新規事例が現れているという事実はデータとして扱われ、新規データには常に、受け入れられるべき規則を変える可能性がある。

言い換えると、トランスダクションには帰納的一般化が伴わないというのは一理ある。ラベル付けされたデータだけから関係する一般化に到達するのではないからである。そして、トランスダクションには帰納的一般化が伴うというのにも一理ある。ラベル付けされたデータプラスどんな新規事例が現れているかについての情報に基づいてトランスダクションは確かに一般的規則に到達するからである。

単に用語上の問題ではなく重要なのは、ラベル付けされたデータを使って推論によって規則に至り、そしてその規則を使って新規事例を分類する方法によって得られるよりもかなりよい結果が、一定の条件の下で、実際にトランスダクションによって与えられているということである

(Joachims 1999; Vapnik 2000; Weston et al. 2003; Goutte et al. 2004)。

8　人々はトランスダクションを使うのか

人々がトランスダクションのようなものをそもそも使うのかどうかというのは、興味深い問いである。われわれの知る限りでは、心理学者がこの問題に取り組んだことはないが、トランスダクションの理論が出てきたのが非常に最近であることからすると、これは驚くべきことではない。関係する範疇分類の原理を定式化することができなくても、人々が範疇分類を行うことが多いのは、事実である。しかし、そのことは、それ自体としては、彼らが一般原理に基づいて判断していることと矛盾しない。彼らは無意識にまたは暗黙裡に原理を使っているのかもしれない。彼らがフィードフォワードニューラルネットのようなものを使って結論に達しているとしてみよう。そのようなネットワークは、諸々の原理を結合荷重にエンコードするのであり、人々が関係する諸原理を知ることができると予測する理由はない。

人々がトランスダクションを使うのかどうか、そして、どのようなときに使うのかという問いには、どのような証拠が関係するのであろうか。トランスダクションによっていかに新規事例が分類されるかは、どのような新規事例が他に現れてきたかに依存し得る。フィードフォワードニューラルネットやその他の帰納的方法には、この特徴がない。しかし、心理学者たちが十分立証してきたように、人が新規事例を範疇分類する仕方は、他にはどのような新規事例が範疇分類の対象であるのかに確かに依存する。このことは、人間の思考における「非合理性」――「フレーミング効果」かもしれない――を示す例であると心理学者は示唆することが多い。しかしそれは、その代わりに、人々がときにはトランスダクティブに推論を行うということを示すのかもしれない。

グラッドウェル（Gladwell 2005）は、人々が「目を瞬きする」間に判断に達する多くの事例について述べているが、そういった判断は、いかなる種類の一般的原理からも導出されたようには見えず、判断を下す直前に彼らが考えていたことに相当に影響を受けやすい。これらの例も何らかの類のトランスダクションの例であることはあり得る。

レーデルマイアーとシャフィール（Redelmeier and Shafir 1995）は、以下のような類の例を検討している。二つの薬のどちらによっても一定の痛みを伴う症状が緩和されるが、その各々に異なる副作用があるとしよう。一方だけが入手できる場合に、医者はそれをこの症状に対して処方する傾向がある。両方が入手できる場合には、医者はどちらも処方しない傾向にあるが、これは多分、それらのどちらかに決めることが困難であるからだろう。レーデルマイアーとシャフィールは、これを非合理性の一例として扱っている。しかし、ひょっとしたら、それは単に、トランスダクティブ推論の特徴の一つを示す例であるだけなのかもしれない。すなわち、あるものの分類は、その他にどのようなものが分類対象となっているかに依存するということを示す例であるのかもしれない。同様に、六種類のジャムが並べられているのを目にした客は、それらの六種類を含む二四種類のジャムが並べられているのを目にした客よりも、それらのジャムの一つを買うことに決める傾向が高い（Iyengar and Lepper 2000）。二四種類のジャム全ての中で買うものを決めるという作業は多分、そのコストに見合わない程困難なのだろう。シュワーツ（Schwartz 2004）は、その他の類似の例を論じている。ここでもまた、そのような例がトランスダクションの結果であるかどうかという問題がある。

トランスダクションの有望な方法の一つでは、データの中に、分類するのが難しい例の集合Uが含まれるということを思い出してほしい。このバージョンのトランスダクションは、(a)データを正しく分類し、(b)新規事例の分類について一致し、(c)U中の難しい事例の分類については可能な限り一致しないような、線形分離の部分集合を選択する。

上級司法裁判所は、他の難しい訴訟に対する当該判決の影響を最小限にするために、可能な限り狭く、審理中の訴訟に判決を下そうとするときに、ときおりこのように推論するように見える。もちろん、法における判例の役割のゆえに、これらの判決は、（前述したように）先例を設けないトランスダクティブな範疇分類の典型的な事例とは異なる。とはいえ、トランスダクションの一般理論はこの種の事例をも扱えるように拡張され得る。

裁判所は、彼らの前で論じられたことがない争点について裁決を下したくないと言うだろう。しかし、もちろん、判例主義からして、彼らは、自分たちの前で特に論じられたことがない争点に対して裁決を下すことが多い。裁判所がそう言うときには、それは多分、さらなる議論がない場合にはむしろ判決を下したくない難しい訴訟の一定のクラスUを念頭においているからであろう。そのような例の集合Uが存在する事例を考慮し、出てきた新規事例について、U中の事例に対して最小限の決定を与えるような分類を選ぼうとするバージョンのトランスダクションの観点の下では、これは意味をなす。（しかしながら、前述のように、一般的な場合には、トランスダクションによって至った結論は、先例とは扱われず、新規事例が生じると放棄されるかもしれない。）

9　道徳的個別主義

トランスダクションの理論は、「道徳的普遍主義」と対立するものとしての「道徳的個別主義」の少なくとも一つの形態についての最近の議論にも関係するかもしれない（例えば、Dancy 1993; Sinnott-Armstrong 1999; Hooker and Little 2000; Kihlbom 2002; Väyrynen 2004 を参照）。

道徳的普遍主義の認識的バージョンでは、道徳的判断の容認は、正当化された一般的道徳原理の例であるとみなされる場合にのみ正当化されると主張される。それに対応する道徳的個別主義では、個別の事例についての道徳的判断は、正当化された道徳的原理の例としてみなされなくても正当化され得ると主張される。

個別主義と普遍主義との間の争点は、道徳的真理の源泉に関わる限りでは形而上学的であり、妥当なまたは正当化された道徳的意思決定・信念の源泉に関わる限りでは認識的（ないし心理学的）である。

形而上学的争点と認識的争点とは連関している可能性がある。形而上学的な道徳的個別主義は次のような主張に訴えることで擁護されることが多い。行為が道徳的に間違っているのは、それが道徳的判断を下すに適格な者によって、間違っていると見られるないし判断されることであるという主張（Wiggins 1998; McDowell 1998）、それに加えて、認識的な道徳的個別主義は道徳的判断を下すに適格な者に適用されるという主張である。

ハーマン（Harman 2005）では、トランスダクションの理論は、認識的な道徳的個別主義の弱い形態を支持すると主張されている。われわれは今ではその主張について疑いを抱いているが、その問題点は、ここで論じるには複雑過ぎる。いずれにせよ、認識的な道徳的個別主義を支えるように見える理由付けには、道徳的トランスダクションを伴ってもおかしくないものもある。

10　総　括

本書においてわれわれは、統計的学習理論が哲学および心理学における諸々の問題点に大いに関係していると主張してきた。

本書の第一章では、われわれは帰納の問題を帰納的方法の信頼性を評価する問題として扱った。その問題を考える動機は、ときには、帰納を演繹と比較することによって与えられてきたが、そのような比較は推論と論理との間の関係についての混乱に基づくものであるとわれわれは論じた。唯一の真の問題はわれわれが現実にどのようにして帰納的に推論するかを述べることであるという提案をわれわれは示した。信頼性の問題に対しては、自分の方法と信念とを反省的均衡において調和するように調整することによって答えが与えることができるという考えをわれわれは検討した。人々が提案されたような仕方で自分の意見を調整することによって推論することが確かにあるという証拠はあるものの、その結果は脆弱で信頼できないという証拠もかなりあるとわれわれは論じた。そして、自分の推論方法が信頼できると信じていない場合に、反省的均衡状態にあるのは困難であると指摘した。

第二章では、新規事例の諸特徴の一定の値に基づいてそれらの新規事例を分類するための信頼できる規則にデータを使って到達するような帰納的方法を評価することに、統計的学習理論がどのように関わっているかを説明した。学習に対するこのアプローチは、D次元「特徴空間」の概念を使うが、特徴空間の各点は諸特徴値の一定の集合を表す。そのアプローチでは、知られていない確率分布が、対象との遭遇および対象の諸特徴値とそれらの正しい分類との相関の原因となることが仮定されている。その確率分布は最上の分類規則、すなわち期待誤差を最小化するベイズルールを決定するのである。

イエス／ノー分類という特別な場合については、われわれは分類規則を特徴空間上の点集合と、あるいはひょっとしたら一定の分散面積や超体積と、同一視した。例えば、線形規則は特徴空間を、線または平面または超平面により分けられる二つの領域へと分割する。

枚挙的帰納は、一定の規則集合Cからの（諸）規則で、データに対して誤りを最小化するものを支持する。そもそも枚挙的帰納が有用になるとしたら、Cに含まれる規則には有意な制限がなければならない。よって、Cにはベイズルールに匹敵するような期待誤差を伴ういかなる規則も含まれていないかもしれない。よって、われわれは枚挙的帰納がベイズルールに近い期待誤差を伴う規則を支持することを期待できない。せいぜい、それは、C中の規則での最小値に近い期待誤差を伴う規則を支持するくらいであろう。そして、実際のところ、われわれは、それがC中の規則での最小値に近い規則を蓋然的に支持することに甘んじなければならない。

ヴァプニクとチェルヴォネンキス（Vapnik and Chervonenkis 1968）は、背景確率分布が何であろうと、確率が1に近づき、考慮されるデータが増えていくとき、枚挙的帰納が支持する規則の期待誤差がC中の規則間での最小期待誤差に近づくのは、C中の規則のVC次元が有限であるときであり、かつそのときに限るということを示している。

VC次元は、粉砕により説明される。C中の規則がN個のデータ点集合を粉砕するのは、N個の点のあらゆる可能なイエスとノーとによるラベル付けについて、そのラベル付けに完全にあてはまる規則が存在するときであり、かつそのときに限るということを示している。

言い換えると、C中の規則が完全に適切であるという主張を反証するような仕方でそれらのN個の点をラベル付けする方法はない。これは、枚挙的帰納による学習でのVC次元の役割とカール・ポパーの方法論での反証可能性の役割との間に関係がある可能性を示すが、その関係については、本書第三章でさらに論じた。

第三章では、枚挙的帰納を、仮説の何らかの順序付け（ひょっとしたら、単純性による順序付け）をも考慮に入れる方法と比較した。帰納的方法のこれら二つの種類に対応して、グッドマン（Goodman 1965）の帰納の新たな謎に応答する二つの方法があることをわれわれは指摘した。われわれは、これらの方法が、分類及び実数変数推定、すなわちカーブフィッティング、にどのように適用されるかを論じた。また、対象データ範囲を、単純性または何らかのその代替物による仮説間の順序関係に対してはかりにかける二つの異なる方法を比較した。反証可能性、単純性、および科学の方法についてのカール・ポパーの考え方のいくつかについてもわれわれは論じた。最後に、われわれは、単純性または何らかの類似の順序関係に訴えることにより、一つの仮説をそれと経験的に等価な別の疑わしげな仮説に対して優先する、筋の通った方法がいかに与えられるかについて検討した。

この最終章では、パーセプトロン、フィードフォワードニューラルネット、およびサポートベクターマシンへの統計的学習理論の応用について、手短に略述した。われわれは、サポートベクターマシンが人間の範疇分類の有用な心理学的モデルを与えるかもしれないかどうかを手短に検討した。最後にわれわれは「トランスダクション」について論じたが、これはラベル付けされたデータを越える一定の追加情報——難しい事例について、および分類対象としてどんな事例が現れたかについての情報——を使う学習方法である。トランスダクションの理論は、人々の推論のひとつのありようについての新しいモデルを提案する。人々がトランスダクティブ推論を行うときがあるという仮説は、人々が矛盾している、または不合理であることを示すとして解釈されてきた一部の心理学的データに対する、可能な説明を与えてくれる。それはまた、一定の種類の「道徳的個別主義」に対しても、可能な説明を与えてくれるのである。

注

第一章

(1) もちろん、論証 [argument] という語には、例えば、二人以上の人の間の係争を指すような、他の意味もある。

(2) また、新しいデータが得られると、枚挙的帰納が選択する規則は変わりかねず、このことは、以前には認められていたことを放棄することをそれが伴いかねない、もう一つのあり方である。

(3) より正確に言うと、規則集合CのVC次元は、Cがそれらを「粉砕」するように配置され得るデータ点の最大数である。CがN個のデータ点を粉砕するのは、それらの点のそれぞれに値を割り当てる2^N通りの方法のいずれについても、その割り当てに対応するCの規則が存在するときであり、かつそのときに限る。ヴァプニクは、VC次元の役割を、科学に於ける反証可能性の重要性についてのポパーの議論(Popper 1934)に結び付けている。

第二章

(1) 線形範疇分類規則は、後の第四章で説明されるように、サポートベクターマシンでは重要な役割を確かに果たす。

(2) 厳密に言うと、ここでは、最大(max)よりもむしろ、上限(sup)、すなわち最小上界を使うべきである。なぜなら、C中の規則が無限に多いと、当該の差の最大値は定義されないかもしれないからである。

第三章

（1） いくつかの非常に緩やかな可測性条件が必要である。そして、前述したように、類似の結果は、実数変数の値を推定する規則を選択するのに使われる枚挙的帰納についても成り立つ。さしあたっては、分類規則の帰納に集中したい。

（2） 例えば、fは、aの10進表示とbの10進表示とを引き数として、それらをインターリーブしてcを出す、といったものであり得る。

訳者解説

蟹池陽一

本書の著者の一人、ギルバート・ハーマンは、スワースモア大学、ハーヴァード大学で学び、後者からPh. D. を受けた。ハーヴァードではクワインの指導を受けており、ハーマンはクワインの自然主義の大きな影響を受けていると言われている。現在、プリンストン大学哲学科教授である。道徳的相対主義の擁護等、ハーマンはとりわけ倫理学の分野の業績で有名だが、その研究領域は、形而上学・認識論から言語哲学、心の哲学、倫理学と多岐に渡っている。主著に *Thought* (1973), *The Nature of Morality* (1977), *Change in View* (1986), *Reasoning, Meaning, and Mind* (1999), *Explaining Value and Other Essays in Moral Philosophy* (2000) 等がある。

もう一人の著者であるサンジェーヴ・クルカルニは、クラークソン大学卒で、スタンフォード大学よりM.S.、マサチューセッツ工科大学よりPh.D.を受けた。現在、プリンストン大学電気工学科教授である。統計的パターン認識、ノンパラメトリック推定、学習理論、情報理論、ワイヤレスネットワーク、信号／画像／映像処理等の情報科学・認知科学・情報工学等にまたがる諸分野を専門としており、これらの方面での多数の専門的な論文を著している。

一見すると接点のなさそうなこれら二人の著者による本書は、哲学、計算機科学、認知科学の交差する領域で、学習アルゴリズムという観点から推論を捉える、非常に興味深いものである。本書は、帰納的推論に対する、統計的学習理論に依拠した、新たな捉え方を提案し、その哲学的含意を探るものであるが、同時に、統計的学習理論・機械学習の分野の一般読者向けの紹介としての性格をも併せ持っている。以下では、本書の背景と本書の内容理解の上でのいくつかの留意点とを記したい。

その前に、統計的学習理論・機械学習という余り聞き慣れないかもしれない分野についてごく簡単に説明しておく。両者とも、コンピュータという機械の学習過程（学習のアルゴリズム）について研究する分野であるが、統計的学習理論が、コンピュータの学習過程についての形式的理論を構築することを目標とするのに対して、機械学習研究は、その過程を自動化することを目標とする。また、統計的学習理論は、一定のデータから知識を獲得したり、予測をしたり、意思決定を行ったり、モデルを作ったりするという意味での推論の問題を、統計学的枠組みの下で行うものである

(Bousquet, O., S. Boucheron and G. Lugosi. 2004)。非常に単純化して言えば、機械学習研究はコンピュータの学習アルゴリズムを扱う分野で、統計的学習理論は機械学習研究に数学的基盤を提供するその理論部門である、と言っていいかもしれない。機械学習研究は、人工知能研究とも深く関わってきたが、後者のように生物の学習過程をモデル化するということに焦点を絞らず、抽象的な学習過程を専ら研究対象としている。

1 歴史的背景

本書の背景としては、一方では、帰納についての哲学的議論の長い歴史があり、他方では、一九六〇年代以降の機械学習・統計的学習理論の展開がある。本書は、これらの二つの流れが出会って生まれたと言っていいだろう。

帰納に関する哲学的議論は、ヒュームによる因果性の批判(Hume 1888)をその嚆矢としていると通常考えられている。ヒュームは、次のように論じた。因果的推論は演繹的論証によっては証明され得ない。事象の観察以外は、因果的推論の前提では与えられておらず、原因に対する結果を結論として引き出すには、何らかの非演繹的論証が必要である。しかし、そうすると、そのような非演繹的論証についても同様の議論が成立し、無限後退に陥る。このように論じたヒュームは、因果性をわれわれの慣習から生じた概念であるとした。ヒュームのこの議論は、帰納の正当化についての議論に適用できることから、帰納の非循環的正当化が不可能であることを示すものとされてきた。つまり、帰納的推論も演繹的論証によっては、証明され得ず、事象の観察のみを前提とするこの推論を正当化するには何らかの非演繹的論証が必要となる。以下同様。

ヒュームの時代以降、帰納の問題が哲学者によって活発に取り上げられるようになったのは、二〇世紀になってからであると言っていいかもしれない。論理実証主義者やその批判者であったポパーらによって、帰納の問題はやや違った形で、再び光を当てられるにいたった。ヒュームの議論を踏まえての彼らの関心の的は、帰納の非循環的正当化が不可能であるとしても、科学においては重要な役割を果たす帰納的推論をどのように扱うべきか、ということであった。

ライヒェンバッハは、頻度主義的確率概念を前提として、帰納的推論を確率的含意として解釈しようとしたが、それを批判して、ポパーは、本書でも触れられているように、帰納的推論を科学から排除するという立場をとった。しかし、これは例外で、他の人々は、帰納的推論の正当性を認めるか不問に付した上で、それについての問題を論じた。

たとえば、ヘンペルは、全称命題とそれを確証する個別事例に関するパラドクスについて議論した。枚挙的帰納の下では、「全ての烏は黒い（何であれ、烏であるものは黒い）。」という全称命題の確証の度合いは、「aは黒い烏である。」という命題によって、従って、黒い烏を見ることによって、上がる。同様にして、「aは黒くなく、烏でもない。」という命題は、「全ての黒くないものは、烏でない。」という全称命題の確証の度合いを上げる。しかし、この命題は「全ての烏は黒い。」という命題に論理的に同値であり、そうすると、白い靴（黒くなく、烏でない）を見ることで、「全ての烏は黒い。」という命題の確証の度合いが上がることになってしまうというパラドクスが生じるのである。また、論理実証主義者ではなかったが、本書でも触れられているように、やはり帰納に関するパラドクスについて論じたグッドマンも有名である。

帰納についての問題を哲学的に論じた人々とは対照的に、前述のライヒェンバッハやカルナップは、帰納的推論を形式的に扱うことに力を注ぎ、帰納論理・確率論理の開発を行った。カルナップの帰納論理・確率論理は、証拠と確証の度合いとの論理的関係を規定しようとするものであった。一九七〇年のカルナップの死後、その共同研究者であったジェフリーは、確率を信念の度合いとするベイズ主義的な立場から帰納論理についての形式的研究を続けた。

歴史的には、カルナップの帰納論理・確率論理やジェフリーの確率論理は、帰納的推論の形式化を目指していたという点で、学習理論における帰納的推論の研究の背景をなしていたのではないかと考えられる。例えば、統計的学習理論にとっての基盤的研究をしたとされるソロモノフは、帰納的推論についての論文中で（Solomonoff 1964）カルナップの確率論の概念に言及している。

一九七〇年代以降、哲学者たちの帰納の問題に対するアプローチは、非形式的なものが大半であったと思われる。それらは、内容的には、ヒュームの問題提起に再び取り組み、帰納的推論の合理性を示そうとするものや、ハーマンのように帰納的推論を信念の変更とみなして新たなアプローチを探ろうとするもの等、多岐に渡ってきた。

他方、機械学習研究・統計的学習理論の歴史については、本書の中心的題材であるVC次元を提案したヴァプニクが、Vapnik 2000 の冒頭で回顧している。彼は機械学習研究の発端を、一九六〇年代にローゼンブラットがパーセプトロン（パーセプトロンについては本書の第四章第2節を参照）をパターン認識へ応用する提案をしたことにおいている。パーセプトロンの概念自体はそれ以前から存在していたが、ローゼンブラットがそれをパターン認識の機械学習の理論に使うことを提案したのである。一九六〇・七〇年代には、機械学習研究・統計的学習理論の基盤となった研究が、本書でおなじみのヴァプニク、チェルヴォネンキスや、ソロモノフ、コルモゴロフ、チャイティンらによって進められた。

ヴァプニクらによってVC次元の概念が考案され、本書でも扱われている経験的リスク最小化の研究が進められた。他方、ソロモノフやコルモゴロフらは、アルゴリズム的複雑性という概念を提案し、推論の問題に対する情報理論的アプローチを創始して、アルゴリズム情報理論という新しい分野を開拓した。本書の第三章に出てくる最小記述長という概念は、そこから出てきたものである。ちなみに、本書では特に触れられていないが、この中でも、ソロモノフは、情報論的な帰納的推論の形式理論を特に探求していた。

その後、一九八〇年代になり、人工知能研究者も学習理論研究に関わるようになり、多層パーセプトロンがニューラルネットワークと呼ばれるようになった。少数の標本からの帰納的推論のための最良の方法の探究を目指していた六〇年代・七〇年代とは異なり、八〇年代には、人間の認知活動のモデルを作ることにより重点を置いた研究が進められるようになった。しかし、この時期には学習理論上の大きな進展はなかったとヴァプニクは考えているようである。

ちなみに、本書の原書の裏表紙に推薦文を書いているハンスンによると、七〇・八〇年代には、機械学習は人間が行うような課題と機能的関連を持つようなアルゴリズム（範疇分類、知覚的対象認知、言語理解、推論等）に焦点を絞っていたが、それらのアルゴリズムは、入力条件が少し変わっただけでもうまくいかないものであったらしい。そのせいもあって、人工知能研究自体が八〇年代に衰退していったそうであり、「九〇年代までには機械学習の分野は破綻していた」そうである（Hanson 2009）。

九〇年代になり、再び、六〇・七〇年代に取り上げられていたような問題が研究されるようになり、統計的学習理論の比重も増すようになった。本書でも紹介されている構造的リスク最小化や最小記述長についての関心も高まった。また、本書の第四章で紹介されているようなサポートベクターマシン（ＳＶＭ）の適用法がヴァプニクらにより提案され、ＳＶＭ関連の研究が盛んになっていった。

さて、ハーマンは、本書の刊行の二十数年前に、帰納に関する研究を*Change in View*（Harman 1986）においてまとめている（さらにそれよりも二〇年程前には、ハーマンは帰納を最良の説明とみなすことを主張している（Harman 1965））。ハーマンは同書で、論証（argument）と推論（reasoning）とを区別し、推論を理由による見解の変更（reasoned change of view）として捉えている。そして、そのような見地から、推論や信念変更に関するさまざまな哲学的見解を検討・批判しているが、推論についての経験科学的研究には触れていない。

同書でのハーマンの見解は、本書の第一章に反映されているが、本書はまさに同書が終わったところから始まっていると言ってよいだろう。同書や本書の第一章で展開されているようなハーマンの立場からすれば、推論に関する経験科学的研究に目を向けるのは、極めて自然な次の展開と思われるかもしれない。だが、そこに至るには二〇年の歳月を要したのである。八〇年代には、英語圏ではヴァプニクの研究はそれ程知られていなかったようでもあり、機械学習・統計的学習理論は、まだ分析哲学者の関心を引くには至っていなかったのであろう。

2　本書の内容について

本書は、入門書的性格を備えていることもあってか、概して分かりやすいと思われるが、本書の理解に役立つような形で、本章の内容をざっと見渡し、いくつか留意した方がよいかもしれない点も挙げる。

第一章では、第1～2節で、帰納的推論を信念変更の過程とみなす（Harman 1986）以来のハーマンの主張がまとめられており、演繹的論証と帰納的推論との違いが力説されている。確かに帰納的推論が信念の変更の過程であるというのは説得力がある。それに対して、演繹的論証についてのハーマンの説明は、一見分かり易いが、よく考えると、そうとも言えない。「演繹的論理は、何が何から帰結するかについての理論であって、推論についての理論ではない。それは、演繹的帰結についての理論なのである」とハーマンは言うが、「何が何から帰結する（what follows from what）」とは、どういうことなのであろうか。帰結関係とは一体何によるものなのだろうか。

帰納的推論を信念の変更の過程と捉えるという明確な定式化と対比すると、演繹的論理についてのハーマン・クルカルニの記述は余りに簡潔過ぎて、分かったようで分からないという感じを与える。例えば（これはあくまで例だが）、演繹的論理は、論理学の体系やなんらかの人工言語のような記号体系についての記号の使用についての規則であるとか、もう少し詳細な記述があれば、さらに分かりやすくなったのではないかと訳者は考える。しかし、他方、哲学者や哲学オタクではない、一般読者にとっては、この表現に留めておく方が分かり易いのかもしれないとも思われる。確かに論理的帰結とは何かというのは、哲学的に見ると難しい問題であり、本書の範囲からして、これに深入りするのは賢明ではないのかもしれない。

第3節からは、帰納的推論の正当化ではなく信頼性を探求する上でどのような方途があり得るかということに話が移る。心理学的研究によると、ロールズの主張するような反省的均衡には必ずしも信頼性がないということを第4節で指摘した後に、著書らは、第5節で、「様々な帰納的方法が現実生活でどの程度うまくいくかを経験的に研究するというのも一つの道である」が、他方、「統計的学習理論を通して、より理論的な方法で帰納的信頼性の問題にアプローチすることもまた有効なのである」と述べ、統計的学習理論を応用することを提案する。

帰納を信念の変更過程と捉え、そのような信念の変更の信頼性を帰納の問題としている第4節までの流れからして、第5節での統計的学習理論の導入の仕方はやや唐突かもしれない。機械学習に応用される統計的学習理論が、人の信念変更の信頼性とどう関わるかについてもここでは取り立てて説明されないので、なおさら、そのように感じられるおそれはある。実際のところ、この点についての詳細な明示的説明にあてられた節はその後も出て来ないのであるが、本書の第二章以降が全体としてそのような説明を与えているとも言える。第二章、第三章では、統計的学習理論がどのような理論であり、どのようにそれが帰納の問題に応用されるのかが説明される。そして、とりわけ第四章では、統計的学習理論に基づくＳＶＭという学習モデルと、人間が行う範疇分類との関連性

について の言及がある。

さて、第6節で、第二章以降の内容が予告され、第二章以降の内容の背景・前提となることが説明されている。ここは、つい読み流してしまいがちになるかもしれないが、帰納の信頼性の問題にどのように統計的学習理論が適用され得るのかを理解するには、この節と第二章の第1節（ここもうっかり読み飛ばしてしまいがちだが）とは注意して読む必要がある。

ここでは、帰納的推論が、データに基づいて、分類の規則を見つける過程として捉えられている。従来の枚挙的帰納では、データに基づいて何らかの一般的言明が帰納的推論によって得られるとされてきた（本書の第一章での規則（I）や（IA）を参照）。そのような一般的言明に対応するのが、パターン認識での分類の規則である。しかし、この規則は何らかのアルゴリズムによって表現されるかもしれないが、従来の帰納的推論での一般的言明のような言語的表現を必ずしもとらないかもしれない。

この点を見落とすと、第二章の冒頭で著者たちが重要だと強調している、分類の規則とそれらを見つけるための帰納的方法との区別が余り頭に入らずに読み進んでしまって、分類の規則を帰納的推論と混同してしまいかねない。第二章の冒頭にあるこの区別の強調は、残念ながら第一章の第6節では出てこないため、注意して読み進めていただきたい。

統計的学習理論の帰納の問題への応用についての具体的な説明が展開されるのは、第二章以降である。特に、中心となるのは、第二章・第三章であり、主としてパターン認識の問題に即して、統計的学習理論で一般に経験的リスク最小化（ERM）と呼ばれる学習方法[1]および構造的リスク最小化（SRM）と呼ばれる学習方法とが説明されている。

第二章では、第1～3節で予備的な説明が与えられ、第4～5節で経験的リスク最小化についての説明が与えられている。先ず、第1節で、パターン認識の問題についての説明が与えられる。そして、第2節で、データが与えられたときの正しい分類の条件的確率を支配するような背景確率分布が統計的学習理論において前提されていること、およびそのような背景確率分布についての仮定（独立性・同一分布の仮定）が説明される[2]。そして、第3節では、所与の背景確率分布の下での最上の規則は、期待誤差を最小にするような規則、すなわちベイズルールであるとされる。

データからベイズルール自体を見つけることは困難なので、期待誤差がベイズルールのそれに近付く規則を選ぶ帰納的方法はあるだろうかという問いが第4節で出される。しかし、その答えは第三章へと引き延ばされ、その問いに答えるためには、もう少し枚挙的帰納（経験的リスク最小化）について説明する必要があるとして、経験的リスク最小化についての説明が始まる（第一章第6節での説明で、経験的リスク最小化は、枚挙的帰納に相当するものとみなされていることを、読者はここで思い出す必要がある）。

なぜこのような回りくどい叙述の仕方をするのかと思う人もいるかもしれないが、第三章へと回された答えとは、構造的リスク最小化のことであり、これを説明するには、その要素であるとも言える経験的リスク最小化の説明が不可避なのである。

経験的リスク最小化に関する説明は第5節へと続き、ここで、ヴァプニクらの理論の中心的概念であるVC次元の概念が、分類規則の集合のある種の複雑性の指標として導入される。VC次元の直観的イメージの理解のために、著者たちは分類規則の集合の「豊かさ」を測るものという表現を使っている。そして、VC次元が有限であるならば、かつその場合に限り、経験的リスク最小化の方法（枚挙的帰納）で選ばれる規則の期待誤差が、規則の集合Cの中で最小の期待誤差に収束するという重要な結果が説明される。

経験的リスク最小化についてのその望ましい結果には、残念ながら一つの問題が伴うことを、著書たちは第三章の冒頭で指摘する。それは、VC次元が有限な場合には、規則集合Cの中の規則の最小の期待誤差が、必ずしも、可能な最小期待誤差を持つベイズルールのそれに近付くわけではなく、それどころか、ベイズルールの期待誤差よりもずっと大きいことにもなりかねないということである（しばらくベイズルールは出てこなかったので、ここで読者は第二章の第3節を思い出す必要がある）。

第三章では、VC次元が有限でない場合について、統計的学習理論で一般に構造的リスク最小化と呼ばれる学習方法が、多少の予備的説明の後に、第4～7節で説明される。この方法は、単調増加するような有限のＶＣ次元を持つ、入れ子構造になっているＣの部分集合の系列 $C_1 \subset C_2 \subset \dots \subset C_n \subset \dots$ を考え、規則の経験的リスク（誤差）の関数とその規則を含む最小のクラスのＶＣ次元とを最小化するような規則を選ぶというものである。つまり、経験的リスクと規則集合（学習の関数／モデル）の複雑性とを総合的に考慮するという方法である。この方法の下では、確率が１に近付くときに極限においてベイズルールの期待誤差に近付くということ（普遍的一致性）が、その長所として特筆されている。(3)

第8節では、グッドマンの帰納の新たな謎についての二つの解釈に対して、経験的リスク最小化と構造的リスク最小化との違いを応用した説明が与えられている。第9節では、仮説の単純性についてのポパーの議論が構造的リスク最小化と比較され、単純性とＶＣ次元との違いが論じられている。これらは、統計的学習理論の視点から、哲学的問題がどのように捉え直されるかということについての実例として出されているのだろう。グッドマンの話はともかくとして、ポパーについての議論は内容的には明快ではあるが、この議論をすることの眼目が今ひとつつかみにくいと少なくとも訳者には思われる。ポパーの話が出て来るのは、恐らくヴァプニク自身がポパーについて論じていたということから来ているのだろうと思われる。

第四章では、ヴァプニクらの統計的学習理論の重要な産物であるＳＶＭとやはりヴァプニクが考案したトランスダクションとが手短に説明されている。ＳＶＭを説明する前提として、第１～３節では、パーセプトロンとニューラルネット（すなわち、多層パーセプトロン）についての説明が与えられ、第4節でSVMが紹介されて、第5節ではSVMと人間の行う範疇分類との関連についての言及がなされている。(4) 第四章の第1～4節は、それまでと違って、説明が簡略でやや分かり難いかもしれないが、ここでのポイントはSVMであるということを念頭に置いて読まれればいいかと思う。

第6～8節では、トランスダクションが扱われている。これはヴァプニクが考え出した概念で、機械学習関係分野の邦文文献でも、そのままカタカナで表記されているのが一般的なようである。トランスダクションについての説明もやや分かり難いかと思われるが、トランスダクションの直観的な概念については、ヴァプニク自身が、非常に分かり易い説明を与えている（Vapnik 2000）。古典的な哲学では、一般から個別への推論としての演繹と個別から一般への推論としての帰納とが考えられてきたが、個別から個別へという新たな推論のタイプをトランスダクティヴな推論とヴァプニクは規定する。データから帰納によって関数を導出し、それから演繹によってその関数を使って、特定のデータ点に対する関数値を出すという二つのステップが、トランスダクションでは一つのステップにまとめられる。つまり、データから直接、特定のデータ点における（未知の関数の）関数値を出すのである。限定された情報量から最上の結果を得たいときにこのような推論が行われるとヴァプニクは考えている。

トランスダクションという考え方は非常に興味深いものである。第8節では、現実の人々の推論とトランスダクションとの関連の可能性が述べられているが、これはなかなか説得力があると訳者には思われる。これに関する今後の研究が期待される。

尚、本書の特集号がABSTRACTA誌上で組まれている。オンラインで読めるので、御関心ある方には、御一読をお勧めする。

Abstaracta. Special Issue III. 2009.

http://www.abstracta.pro.br/english/Default.asp

以上、ざっと見てきたが、本書には一部の哲学書と違って、何度読んでも分からないという部分はほとんどないので、最終的には、非常に明快な理解が得られると思う。訳文がその理解の妨げにならないことを祈りたい。

訳文については、何よりも先ず正確さを第一に心掛けた。また、できる範囲で原文のニュアンスも伝えたいと考えた。だからと言って、日本語的に理解し難いことにはならないように細心の注意を払ったつもりである。訳語に関しては、本書が関連する諸分野のそれぞれで一般的と思われる訳語を採用したつもりである。

最後に、この翻訳の仕事をご紹介頂き、また訳稿の一部について貴重な御指摘を下さった東京大学総合文化研究科の信原幸弘先生、および本書の編集を担当していただいて、非常にお世話になった勁草書房の土井美智子さんに最大級の感謝の意を表して、この解説を終わりたい。

注

(1) この名称自体は、第三章で初めて登場するが、既に第一章から、この方法は、データに対して誤差を最小化するような規則を見つけ出す方法として導入されている。

(2) 独立性・同一分布の仮定は、現代では余り一般的ではないそうである (Shafer 2009)。

(3) ちなみに、構造的リスク最小化については、その最大の特徴が紹介されていないという指摘もある (Kelly and Mayo-Wilson 2008)。それによると、ヴァプニク (Vapnik 2000) は、構造的リスク最小化を、標本数が小さいときに使う方法としてみており、VC次元が有限の場合でも、標本数が少な過ぎて、期待損失が有界であることが保証できない場合にその使用を勧めているという。ヴァプニク (Vapnik 2000) によると、

> (95) それについての経験的リスクを最小化することで現実のリスクの最良の上界が生じるような部分集合S_nを選ぶことで、SRMの原理は、両方の要素［経験的リスクとVC次元］を考慮に入れるのである。

ヴァプニクの意図の下では、単なる普遍一致性よりも、この点がSRMの重要な特徴だそうである。

(4) 前述のハンスンは、この関連については否定的である (Hanson 2009)。

引用文献

Bousquet, O., S. Boucheron and G. Lugosi. 2004. Introduction to Statistical Learning Theory. in (Eds.) Bousquet, O., U. von Luxburg and G. Rätsch. *Advanced Lectures on Machine Learning*. Heidelberg: Springer. 169-207.

Hanson, Stephen J. 2009. Commentary on "Reliable Reasoning". *Abstaracta*. Special Issue III. 42-46.

Harman Gilbert H. 1965. The Inference to the Best Explanation. *The Philosophical Review*, Vol. 74, No. 1. 88-95.

Harman, Gilbert H. 1986. *Change in View: Principles of Reasoning*. Cambridge: MIT Press. 147.

Hume, David. 1888. *A Treatise of Human Nature*. 2nd ed. Oxford: Clarendon Press. 743.

Kelly, Kevin and Mayo-Wilson, Conor. 2008. Review on *Reliable Reasoning: Induction and Statistical Learning Theory*. *Notre Dame Philosophical Reviews*. http://ndpr.nd.edu/review.cfm?id=12684

Shafer, Glen. 2009. Comments on Harman and Kulkarni's "Reliable Reasoning". *Abstaracta*. Special Issue III. 10-17.

Solomonoff, Ray J. 1964. A Formal Theory of Indnctive Inference, Part1. *Information and Control* v. 7, No. 1. 1-22.

Vapnik, Vladimir. 2000. *The Nature of Statistical Learning Theory*. 2nd ed. New York: Springer. 314.

著者略歴

ギルバート・ハーマン（Gilbert Harman）

1938 年生まれ。1964 年，ハーバード大学にて博士号を取得。専攻は哲学。プリンストン大学哲学科教授。主著に *Change in View*（MIT Press，1986），*Reasoning, Meaning and Mind*（Clarendon，1999）がある。

サンジェーヴ・クルカルニ（Sanjeev Kulkarni）

1991 年，マサチューセッツ工科大学にて博士号を取得。専攻は情報科学・情報工学。プリンストン大学電子工学科教授。主著に *Learning and Geometry: Computational Approaches*（共著，Birkhauser，1996），*Learning, Control and Hybrid Systems*（共著，Springer-Verlag，1999）がある。

訳者略歴

蟹池陽一（かにいけ　よういち）

1962 年生まれ。2002 年，インディアナ大学にて博士号を取得。國學院大學兼任講師。著書に『脳神経倫理学の展望』（共著，勁草書房，2008 年）ほか。

索　引

ア　行

カ　行

サ　行

タ　行

ナ　行

ハ　行

マ　行

ラ　行

人　名

文献一覧

Akaike, H. (1974). "A New Look at the Statistical Model Identification." *IEEE Transactions on Automatic Control* AC-19: 716-723.

Barron, A., Rissanen, J., and Yu, B. (1998). "The Minimum Description Length Principle in Coding and Modeling." *IEEE Transactions on Information Theory* 44: 2743-2760.

Bishop, M. A., and Trout, J. D. (2005). *Epistemology and the Psychology of Human Judgment*. Oxford: Oxford University Press.

Blum, L., and Blum, M. (1975). "Toward a Mathematical Theory of Inductive Inference." *Information and Control* 28: 125-155.

Bongard, M. (1970). *Pattern Recognition*. Washington, D. C. : Spartan Books.

Burge, T. (1993). "Content Preservation." *Philosophical Review* 102: 457-488.

Chaitin, G. J. (1974). "Information-Theoretic Computational Complexity." *IEEE Transactions on Information Theory* IT-20: 10-15.

Chomsky, N. (1968). *Language and Mind*. New York: Harcourt, Brace, and World. 邦訳，ノーム・チョムスキー『言語と精神』川本茂雄訳，河出書房新社，1996

Chomsky, N. (1981). *Lectures on Government and Binding*. Dordrecht: Foris. 邦訳，ノーム・チョムスキー『統率・束縛理論』安井稔，原口庄輔訳，研究社出版，1986

Corfield, D., Schölkopf, B., and Vapnik, V. (2005). "Popper, Falsification, and the VC-dimension." *Technical Report* No. 145. Max Planck Institute for Biological Cybernetics, Tübingen, Germany.

Cullicover, P. W. (1997). *Principles and Parameters: An Introduction to Syntatic Theory*. Oxford: Oxford University Press.

Dancy, J. (1993). *Moral Reasons*. Oxford: Blackwell.

Daniels, N. (1979). "Wide Reflective Equilibrium and Theory Acceptance in Ethics." *Journal of Philosophy* 76: 256-282.

Descartes, R. (1641). *Meditationes de Prima Philosophia*. Paris. 邦訳，ルネ・デカルト『省察』山田弘明訳，筑摩書房，2006 他多数

Duda, R. O., Hart, P. E., and Stork, D. G. (2001). *Pattern Classification*, second edition. New York: Wiley. 邦訳，デューダ，ハート，ストーク『パターン識別』尾上守夫監訳，新技術コミュニケーションズ，2007

Elgin, C. (1997). *Nelson Goodman's New Riddle of Induction: The Philosophy of Nelson Goodman*, volume 2. New York: Garland.

Fara, D. G. (2000). "Shifting Sands: An Interest-Relative Theory of Vagueness." *Philosophical Topics* 28: 45-81. Originally published under the name "Delia Graff."

Feldman, J. A. (1981). "A Connectionist Model of Visual Memory. "In G. E. Hinton and J. A. Anderson (eds.), *Parallel Models of Associative Memory*, 49-81. Hillsdale, N. J.: Erlbaum.

Foley, R. (1994). "Egoism in Epistemology. "In F. Schmitt (ed.), *Socializing Epistemology*. Lanham: Rowman and Littlefield.

Gladwell, M. (2005). *Blink: The Power of Thinking without Thinking*. New York: Little, Brown.

Gold, E. M. (1967). "Language Identification in the Limit." *Information and Control* 10: 447-474.

Goodman, N. (1953). *Fact, Fiction, and Forecast*. Cambridge, Mass.: Harvard University Press. 邦訳，ネルソン・グッドマン『事実・虚構・予言』雨宮民雄訳，勁草書房，1987

Goutte, C., Cancedda, N., Gaussier, E., Dèjean, H. (2004). "Generative vs. Discriminative Approaches to Entity Extraction from Label Deficient Data." *JADT 2004, 7es Journ'ees internationales d'Analyse statistique des Donn'ees Textuelles*. Louvain-la-Neuve, Belgium, 10-12 March.

Hacking, I. (1965). *The Logic of Statistical Inference*. Cambridge: Cambridge University Press.

Harman, G. (1965). "The Inference to the Best Explanation." *Philosophical Review* 74: 88-95.

Harman, G. (1967). "Enumerative Induction as Inference to the Best Explanation." *Journal of Philosophy* 64: 529-533.

Harman, G. (2005). "Moral Particularism and Transduction." *Philosophical Issues* 15: 44-55.

Harnad, S. (1987). "Psychophysical and Cognitive Aspects of Categorical Perception: A Critical Overview. "In S. Harnad (ed.), *Categorical Perception: The Groundwork of Cognition*. New York: Cambridge University Press.

Hastie, T., Tibshirani, R., and Friedman, J. (2001). *The Elements of Statistical Learning: Data Mining, Inference, and Prediction*. New York: Springer.

Holyoak, K. J., and Simon, D. (1999). "Bidirectional Reasoning in Decision Making by Constraint Satisfaction." *Journal of Experimental Psychology: General* 128: 3-31.

Hooker, B., and Little, M. (2000). *Moral Particularism*. New York: Oxford University Press.

Iyengar, S. S., and Lepper, M. R. (2000). "When Choice Is Demotivating: Can One Desire Too Much of a Good Thing?" *Journal of Personality and Social Psychology* 79: 995-1006.

Joachims, T. (1999). "Transductive Inference for Text Classification Using Support Vector Machines. "In I. Bratko and S. Dzeroski (eds.), *Proceedings of the 16 th International Conference on Machine Learning*, 200-209. San Francisco: Morgan Kaufmann.

Kihlbom, U. (2002). *Ethical Particularism*. Stockhold Studies in Philosophy 23. Stockholm: Almqvist and Wiksell.

Kulkarni, S. R., Lugosi, G., and Venkatesh, L. S. (1998). "Learning Pattern Classification: A Survey." *IEEE Transactions on Information Theory* 44: 2178-2206.

McDowell, J. (1998). *Mind, Value, and Reality*. Cambridge, Mass. :

Harvard University Press.

Popper, K. (1979). *Objective Knowledge: An Evolutionary Approach*. Oxford: Clarendon Press. 邦訳，カール・ポパー『客観的知識：進化論的アプローチ』森博訳，木鐸社，1974

Popper, K. (2002). *The Logic of Scientific Discovery*. London: Routledge. (Orig. published in German, 1934.) 邦訳，カール・ポパー『科学的発見の論理』大内義一・森博共訳，恒星社厚生閣，1971

Rawls, J. (1971). *A Theory of Justice*. Cambridge, Mass.: Harvard University Press. 邦訳，ジョン・ロールズ『正義論』矢島鈞次監訳，紀伊國屋書店，1979

Read, S. J., Snow, C. J., and Simon, D. (2003). "Constraint Satisfaction Processes in Social Reasoning." *Proceedings of the 25 th Annual Conference of the Cognitive Science Society*: 964-969.

Redelmeier, D. A., and Shafir, E. (1995). "Medical Decision Making in Situations That Offer Multiple Alternatives." *Journal of the American Medical Association* 273: 302-305.

Rissanen, J. (1978). Modeling by Shortest Data Description. *Automatica* 14: 465-471.

Schwartz, B. (2004). *The Paradox of Choice: Why More Is Less*. New York: HarperCollins.

Simon, D. (2004). "A Third View of the Black Box." *University of Chicago Law Review* 71: 511-586.

Simon, D., and Holyoak, K. J. (2002). "Structural Dynamics of Cognition: From Consistency Theories to Constraint Satisfaction." *Personality and Social Psychology Review* 6: 283-294.

Simon, D., Pham, L. B., Le, Q. A., and Holyoak, K. J. (2001). "The Emergence of Coherence Over the Course of Decision Making." *Journal of Experimental Psychology: Learning, Memory, and Cognition* 27: 1250-1260.

Sinnott-Armstrong, W. (1999). "Varieties of Particularism." *Metaphilosophy* 30: 1-12.

Solomonoff, R. J. (1964). "A Formal Theory of Inductive Inference." *Information and Control* 7: 1-22, 224-254.

Stalker, D., editor (1994). *Grue! The New Riddle of Induction*. Peru, Illinois: Open Court.

Stich, S., and Nisbett, R. (1980). "Justification and the Psychology of Human Reasoning." *Philosophy of Science* 47: 188-202.

Thagard, P. (1988). *Computational Philosophy of Science*. Cambridge, Mass.: MIT Press.

Thagard, P. (1989). "Explanatory Coherence." *Brain and Behavioral Sciences* 12: 435-467.

Thagard, P. (2000). *Coherence in Thought and Action*. Cambridge, Mass.: MIT Press.

Tversky, A., and Kahneman, D. (1974). "Judgment under Uncertainty: Heuristics and Biases." *Science* 185: 1124-1131.

Valiant, L. G. (1984). "A Theory of the Learnable." *Communications of the ACM* 27: 1134-1142.

Vapnik, V. (1979). *Estimation of Dependencies Based on Empirical Data*. (In Russian.) Moskow: Nauka. English translation (1982), New York: Springer. References are to the English translation.

Vapnik, V. (1998). *Statistical Learning Theory*. New York: Wiley.

Vapnik, V. (2000). *The Nature of Statistical Learning Theory*, second edition. New York: Springer.

Vapnik, V., and Chervonenkis, A. Ja. (1968). "On the Uniform Convergence of Relative Frequencies of Events to Their Probabilities." (In Russian.) *Doklady Akademii Nauk USSR* 181. Translated into English as "On the Uniform Convergence of Relative Frequencies of Events to Their Probabilities." *Theory of Probability and Its Applications* 16 (1971): 264-280. References are to the English translation.

Vapnik, V., and Chervonenkis, A. Ja. (1974). *Theory of Pattern Recognition*. (In Russian.) Nauka: Moscow.

Väyrynen, P. (2004). "Particularism and Default Reasons." *Ethical Theory and Moral Practice* 7: 53-79.

Wachowski, A., and Wachowski, L. (dir.) (1999). *The Matrix*.

Warner Brothers. 邦題『マトリックス』ワーナーブラザーズ，1999

Weston, J., Pèrez-Cruz, F., Bousquet, O., Chapelle, O., Elisseeff, A., and Schölkopf, B. (2003). "Feature Selection and Transduction for Prediction of Molecular Bioactivity for Drug Design." *Bioinformatics* 19: 764-771.

Wiggins, D. (1998). *Needs, Values, and Truth*, third edition. Oxford: Oxford University Press.

信頼性の高い推論
帰納と統計的学習理論

ジャン・ニコ講義
セレクション5

2009年10月15日　第1版第1刷発行

著　者　ギルバート・ハーマン
　　　　サンジェーヴ・クルカルニ
訳　者　蟹　池　陽　一
発行者　井　村　寿　人

発行所　株式会社　勁《けい》　草《そう》　書　房
112-0005 東京都文京区水道2-1-1　振替 00150-2-175253
（編集）電話 03-3815-5277／FAX 03-3814-6968
（営業）電話 03-3814-6861／FAX 03-3814-6854
大日本法令印刷・鈴木製本

ISBN978-4-326-19961-7　Printed in Japan

http://www.keisoshobo.co.jp

★ジャン・ニコ講義セレクション ［四六判・縦組・上製、一部仮題］

R・G・ミリカン　意味と目的の世界　生物学の哲学から　信原幸弘訳　三六七五円

F・ドレツキ　心を自然化する　鈴木貴之訳　三二五五円

J・R・サール　行為と合理性　塩野直之訳　三五七〇円

J・エルスター　合理性を圧倒する感情　染谷昌義訳　三五七〇円

Z・W・ピリシン　ものと場所　心は世界とどう結びついているか　小口峰樹訳　［続刊］

M・トマセロ　コミュニケーションの起源を探る　松井・岩田訳　［続刊］

M・トマセロ　心とことばの起源を探る　文化と認知　大堀・中澤他訳　三五七〇円

信原幸弘編　シリーズ心の哲学Ⅲ 翻訳篇　（キム、ミリカン、ハーマン、チャーチランド、バージ）　金杉・前田他訳　二九四〇円

信原幸弘・原塑編著　脳神経倫理学の展望　三一五〇円

＊表示価格は二〇〇九年一〇月現在。消費税は含まれております。